JULIA AURELIA

MAGIC SOUL

TAROT

BEGLEITBUCH

INHALT

INHALT

VORWORT

Hallo liebe/r Magier/in,

vielen Dank, dass du dich dazu entschieden hast, mit dem Magic Soul Tarot tiefer in die Magie des Tarot einzutauchen. Genau das ist es, was dieses Tarot so besonders macht: seine Tiefe. Nicht nur durch die kraftvollen Illustrationen, sondern auch durch die in diesem Buch aufgezeigten Bedeutungen wirst du deine Tarot-Legungen auf ein ganz neues Level bringen.

Sobald du siehst, wie sich Tarot im alltäglichen Leben manifestiert, realisierst du, dass es mehr ist als nur ein Kartendeck. Tarot zu verstehen bedeutet, dein Leben zu verstehen mit all seinen und vor allem DEINEN Facetten. Dadurch bringt es dir Klarheit über die Energien in deinem Leben und hilft dir, dich durch die Wellen des Lebens zu navigieren.

Gleichzeitig wirst du merken: Je öfter du mit dem Tarot arbeitest, desto stärker werden deine Intuition und die Botschaften, welche du von der geistigen Welt bekommst. Damit wird es zum starken Begleiter und Werkzeug für deine spirituelle und persönliche Entwicklung.

Ich wünsche dir mit dem Magic Soul Tarot viele magische Momente!

Deine Julia Aurelia

In der Essenz ist das Tarot ein Satz aus insgesamt 78 Karten. Diese sind unterteilt in zwei Kategorien. Die große Arkana, 22 Karten insgesamt, spiegeln die bedeutenden Lebensereignisse und Lernaufgaben wider, durch die der Mensch im Leben geht. Durch diese wachsen und reifen wir, bis wir schließlich als alte Seele aus dem Kreislauf des Menschseins aussteigen und auf die nächste Ebene des Seins aufsteigen. Die restlichen 56 Karten nennt man kleine Arkana, welche in vier verschiedene Elemente unterteilt sind. Diese zeigen unseren rationalen Verstand (die Schwerter), unsere Emotionen (die Kelche), unsere Ambitionen (die Stäbe) und die materielle Welt mit unserer Arbeit, den Finanzen, unserem Körper und unserem Zuhause (die Münzen). Zusammengefasst zeigen die Karten der kleinen Arkana, wie wir das Leben auf allen Ebenen des Seins erfassen und erfahren.

BEISPIEL DER KLEINEN UND GROSSEN ARKANA IM EINSATZ

Ziehen wir zum Beispiel die Große-Arkana-Karte des Narren, sehen wir, dass wir vor einem bedeutenden Neuanfang in unserem Leben stehen. Je nachdem, welche der Kleinen-Arkana-Karten dazu gezogen wird, können wir sehen, wie wir diesen Neuanfang erfahren. In Kombination mit dem Ass der Kelche empfinden wir Freude und Glück. Es ist ein leichter, freudvoller Neuanfang. Wenn wir den Narren jedoch mit den zehn Stäben ziehen, so sind wir erschöpft. Vielleicht haben wir hart gearbeitet für dieses neuen Kapitel in unserem Leben, oder der Neuanfang kommt mit Belastungen.

DIE HOFKARTEN IM TAROT

Zusätzlich gibt es in jedem der vier Elemente die Hofkarten, die sogenannten Charaktere des Tarot. Sie zeigen Charaktereigenschaften von dir oder anderen Menschen in deinem Leben und können dir zusätzlich tiefere Einblicke geben in die Situation, in der du dich befindest. Dazu gehören die Buben, welche neue Impulse, den Beginn einer neuen Reise oder Situation und das Planen dieser darstellen. Die Ritter sind in Aktion und mittendrin in der Erfahrung, welche mit dem Buben begonnen hat.

Die Königin und der König sind die zwei Seiten einer Medaille. Während die Königinnen Unterstützung, Hilfe und ein Sich-um-etwas-kümmern widerspiegeln, sind die Könige Experten auf ihrem Gebiet und dadurch kompetente Ratgeber und Lehrer. In dem Lebensbereich, den sie regieren, haben sie das jeweilige Element gemeistert. Der König der Schwerter hat seinen rationalen Verstand und die Kommunikation gemeistert.

Der König der Kelche meistert seine Gefühle und so weiter.

Die Könige stehen gleichzeitig für unser Bewusstsein und geben Anweisungen, in welche Richtung es nun für uns weitergeht und welche Ziele verwirklicht werden sollen. Die Königinnen wiederum stehen für das Unterbewusstsein und spielen eine große Rolle in der Erfüllung unserer Ziele. Ein Beispiel dazu:

Du bist Single und möchtest eine Beziehung manifestieren. So befragst du das Tarot, was die nächsten Schritte auf dem Weg in eine harmonische Beziehung sind. Der König der Kelche in deiner Legung spiegelt in diesem Fall deine Absicht und deinen Fokus wider, eine harmonische Partnerschaft zu leben. Du bist dir bewusst, das ist, was du willst. Dein Ziel ist somit klar. Wenn die Königin jedoch nicht mitzieht, sprich dein Unterbewusstsein noch Glaubenssätze in sich trägt, dass du es nicht verdient hast, Liebe zu empfangen, dann sabotiert dein Unterbewusstsein die Erfüllung deines Wunsches. In diesem Fall musst du deine Königin mit „on board“ bringen, indem du dich liebevoll um deine Emotionen kümmerst und darum, emotionale Blockaden zu lösen. Liegen der König und die Königin beide in einer Legung, bedeutet das zum einen, deine Absicht zu verdeutlichen: Was ist es, was du wirklich von einer Beziehung willst? Zum anderen sagt die Königin: „Kümmere dich liebevoll um deine emotionalen Bedürfnisse und schaue, welche unterbewussten Muster dich davon abhalten, Liebe zu empfangen.“ Damit gibt das Tarot dir etwas, womit du arbeiten kannst.

WOFÜR WIRD DAS TAROT GENUTZT?

Zwar denken viele, mit dem Tarot geht es ausschließlich um das Vorhersagen der Zukunft, doch der wahre Nutzen, den das Tarot bietet, ist viel tiefgehender als das. Auch wenn es mich zugegebenermaßen nach wie vor immer noch fasziniert, dass die Karten aufzeigen, wie sich eine Situation entwickelt, so besteht die Magie des Tarot darin, die Energien der jeweiligen Situation einzufassen, zu zeigen, wo wir jetzt stehen und was unsere Lernaufgaben sind, durch die wir auf unserer Seelenreise gehen, um als Seele zu wachsen. Dadurch ist Tarot ein Werkzeug für die Selbstreflextion. Gleichzeitig haben wir durch die Karten einen direkten Draht zur geistigen Welt und unserem höheren Selbst, und so können wir die Botschaften, die unsere Seele für uns hat, leichter ver-stehen und deuten.

Aus einer sehr praktischen und weltlichen Sicht gesehen, begann die Entstehung des Tarot im 9. Jahrhundert mit dem Drucken von Papier in China. Von dort begann seine Reise in den Westen. Die ersten Spielkartensets, welche bereits Schwerter, Münzen, Kelche und Stäbe beinhalteten, entstanden bei den Mamluken im 15. Jahrhundert. So richtig in Fahrt kam die Entstehung des Tarot dann in Italien im 15. Jahrhundert. Das Visconti-Sforza-Tarot ist das älteste und vollständigste erhaltenen Tarot-Deck. Ungefähr 200 Jahre später, im 17. Jahrhundert, kam das Tarot dann in Frankreich an, und das Marseille-Deck entstand. Dies gehört heute nach wie vor zu einem der beliebtesten Decks. Erst im 20. Jahrhundert entstand das „klassische" Deck, welches heutzutage am meisten genutzt wird. Das Rider-Waite-Smith-Tarot.

DOCH MOMENT, WAR DA NICHT EINE VERBINDUNG ZU ÄGYPTEN?

Wie bereits gesagt, aus einer sehr weltlichen, praktischen Sicht gesehen, hat das Tarot in der Entstehung erst mal augenscheinlich nichts mit Ägypten zu tun. Zwar bekommt es recht früh in seiner Entstehung einen arabischen, ägyptischen Touch durch den Einfluss der Mumlaken. Jedoch gibt es nichts, was uns direkt an die alte ägyptische Kultur, deren Spiritualität und Magie erinnert. Über die Jahrhunderte hat sich das Tarot weiterentwickelt und verändert. Insbesondere durch Etteilla, einem französischen Okkultisten und Tarot-Forscher, wurden Ende des 18. Jahrhunderts ägyptische Symbolik, Archetypen und, wenn man so will, ägyptische Magie mit in die Karten eingearbeitet. Er bezog dieses Wissen aus den Smaragdtafeln von Thoth dem Atlanter, welche wiederum mit dem ägyptischen Buch des Lebens verbunden sind.

WAS IST DAS BESONDERE AM MAGIC SOUL TAROT?

Nachdem ich bei meinem ersten Deck, dem Seelenreise-Tarot, besonders darauf geachtet habe, die Bedeutungen der Karten und deren Bilder durch vereinfachte, modernisierte Illustrationen darzustellen, um damit den Zugriff auf Tarot für Einsteiger zu erleichtern, wollte ich mit dem Magic Soul Tarot einen Schritt weitergehen. Mit den Charakteren, nun ebenfalls wieder integriert auf den Karten der Kleinen Arkana, werden die Bedeutungen dieser und was sie für uns als Mensch und in unseren Beziehungen bedeuten, verbildlicht. Dies bringt, in Kombination mit den Illustrationen, welche an Gemälde erinnern, eine ganz besondere Tiefe und Magie in das Magic Soul Tarot.

VORBEREITUNG AUF DAS KARTENLEGEN

Wenn du dein Deck gerade neu bekommen hast, solltest du es vor Beginn energetisch reinigen und dich mit dem Deck vertraut machen. Nimm es dafür aus der Verpackung, halte die Karten in einer Hand und klopfe mit der anderen dreimal auf die Rückseite. Das löst bereits die Fremdenergien, welche sich durch die Produktion und den Versand angehaftet haben. Du kannst auch eine kleine Zeremonie daraus machen, indem du dir deinen Raum mit entspannter Musik, einer Kerze und Räucherstäbchen oder einem Duftöl vorbereitest. So kannst du dich bewusst mit den Karten verbinden.

Es ist immer schön, die Karten zusätzlich mit weißem Salbei zu reinigen. Alternativ dazu kannst du auch ein Gebet sprechen und deine Spirit Guides oder die Engel bitten, die Karten von allen negativen und niedrig schwingenden Energien zu befreien.

Fächere die Karten dafür auf und halte sie an dein Herz. Dann sprich folgende oder ähnliche, für dich stimmige Worte: „Ich danke euch, Spirit Guides und Schutzengel, dass ihr diese Karten von allen negativen Fremdenergien befreit und mit dem weißgoldenen Licht der bedingungslosen Liebe füllt. Auf dass die Botschaften, welche durch diese

Karten durchkommen, ausschließlich der göttlichen Liebe entspringen."

AUFLADEN DER KARTEN MIT DEINER ENERGIE

Schaue dir jede Karte an. Dadurch bringst du bereits deine eigene Energie in die Karten und machst dich gleichzeitig mit ihnen vertraut. Fächere die Karten dann ein zweites Mal auf und halte sie erneut an dein Herz. Nun gibst du deine Absichten in die Karten. Sprich oder denke die Worte, die sich für dich stimmig anfühlen. Ein Beispiel dafür:

„Danke, dass durch diese Karten ausschließlich Botschaften der göttlichen, bedingungslosen Liebe durchkommen und ich die Botschaften klar und deutlich hören, fühlen und verstehen kann. Auf dass die Legungen Klarheit schenken für alle, die ihren Rat suchen."

DÜRFEN ANDERE MEINE KARTEN ANFASSEN?

Grundsätzlich höre auch hier darauf, was sich für dich richtig anfühlt. Wenn andere Menschen deine Karten anfassen, lassen sie immer auch ein wenig der eigenen Energie an ihnen. Deshalb mögen manche Kartenleger es nicht, wenn andere ihre Karten berühren. Wenn ich die Karten für jemanden lege, der mit mir im Raum ist, mag ich es persönlich gerne, wenn der- oder diejenige die Karten selbst mischt. Denn in diesem Fall möchte ich natürlich, dass die Karten aufgeladen sind mit der Energie der anderen Person. Vergiss nicht, du kannst die Karten jederzeit wieder energetisch reinigen, wie im Kapitel zuvor beschrieben. Aber auch wenn du die Karten für jemanden legst, der nicht vor Ort ist, oder falls du die Karten grundsätzlich selbst mischen möchtest, werden die Karten über deine Absicht, für die andere Personzulegen,mitderenEnergieaufgeladen. Fokussiere dich in diesem Fall während des Mischens auf die andere Person und die Fragen oder das Thema, zu dem du die Karten legst.

UMGEKEHRTE KARTEN? JA ODER NEIN?

Grundsätzlich beinhalten die 78 Karten des Tarot bereits alle wichtigen Aspekte deines Lebens – von schönen Momenten zu Herausforderungen. Alles ist bereits enthalten. Dementsprechend kannst du dich definitiv dazu entscheiden, umgedrehte Karten nicht zu deuten. Es wird dir an nichts fehlen, um akkurate Legungen zu machen. Insbesondere zu Beginn deiner Reise mit dem Tarot solltest du die umgedrehten Bedeutungen außer Acht lassen und dich darauf fokussieren, fließend in der Deutung der aufrechten Karten zu werden.

Umgekehrte Karten können dir zusätzliche Informationen über die Energien der entsprechenden Karte geben. Aber dafür musst du in der Essenz diese in- und auswendig können. Und dann liegt es schlichtweg an deiner Vorliebe. Du hast alles, was du brauchst, in den 78 aufrechten Karten und kannst irgendwann durch umgekehrte Karten weitere Ebenen aufdecken.

LEGEMUSTER

BEZIEHUNGSANALYSE GEGENÜBERSTELLUNG

Dieses Legemuster zeigt dir auf, wie beide Partner zueinander stehen, und gibt zudem die Möglichkeit der Selbstreflexion, da es dir auch deine Absichten und Gefühle aufzeigt.

1. Die aktuelle Energie der Verbindung
2. Die Energie der anderen Person
3. Deine Energie
4. Die Gedanken der anderen Person über dich und eure Verbindung
5. Deine Gedanken über die andere Person und eure Verbindung
6. Das fühlt die andere Person über dich und eure Verbindung
7. Das fühlst du für die andere Person und eure Verbindung
8. Die Wünsche oder Absichten der anderen Person für euch
9. Deine Wünsche und Absichten für euch
10. Das steht zwischen euch/das verbindet euch
11. Dahin entwickelt sich eure Situation

Besonders magisch ist es, diese Legung am Silvesterabend oder Neujahrsmorgen zu machen. Natürlich kannst du dir zu jedem Zeitpunkt einen Überblick über die kommenden zwölf Monate verschaffen. Trenne dafür deine Großen-Arkana-Karten von den Kleinen und nutze vorerst nur die Großen-Arkana-Karten. Ziehe für jeden der kommenden Monate eine Karte, um die Hauptenergie des jeweiligen Monats zu bekommen. Anschließend ziehst du drei Karten aus den Kleinen-Arkana-Karten, um in die Tiefe zu gehen und zu schauen, wie sich der Monat für dich gestaltet.

BEISPIEL

Große-Arkana-Karte für den Monat:

Der Wagen: In diesem Monat ist das Hauptthema für dich Fokus, Willenskraft und Durchsetzungsvermögen, um dich erfolgreich voranzubewegen.

Klärungskarten der Kleinen Arkana:

Das Ass der Schwerter: Du hast jetzt die Klarheit, die du benötigst.

Die Sechs der Stäbe: Du überwindest erfolgreich Herausforderungen.

Die Zwei der Stäbe: eine Zeit, in der du deine nächsten Schritte planst und Entscheidungen triffst.

Verknüpfe dann die Kleine Arkana mit der Großen Arkana.

Mit der gewonnenen Klarheit, dem Fokus, der Willenskraft und deinem Durchsetzungsvermögen bist du in der Lage, dich erfolgreich voranzubewegen. Herausforderungen werden überwunden, und du fühlst dich stark und selbstbewusst. Deine nächsten Schritte planst du gewissenhaft und triffst eine signifikante Entscheidung darüber, in welche Richtung du dich jetzt weiterbewegst.

Dies machst du für jeden Monat. Am besten schreibst du dir diese Legung in dein Tarot Journal, um im Verlauf des Jahres darauf zurückblicken zu können.

BEISPIEL

WAS BRAUCHT DEIN WUNSCH, UM SICH ZU ERFÜLLEN?

1. Da stehst du in Bezug auf deine Wunscherfüllung.
2. Das blockiert dich oder ist deine Herausforderung.
3. Das unterstützt dich oder ist eine Hilfe.
4. Der Tipp, damit sich dein Wunsch erfüllt.

Beispiel: Du wünschst dir, die große Liebe zu finden.

1. Das Gericht: Du bist dabei, mit deiner Vergangenheit abzuschließen und übst dich in Akzeptanz und Vergebung.

2. Die Gerechtigkeit: Es fällt dir schwer, zu erkennen, welche Entscheidungen richtig und falsch sind. Außerdem können karmische Einflüsse deine Wunscherfüllung beeinflussen und blockieren.

3. Die drei der Schwerter: Der Herzschmerz, den du erfahren hast, ließ dich reifen, gibt dir Charaktertiefe und führt dazu, dass du bewusstere Entscheidungen in der Zukunft triffst.

4. Das Ass der Kelche: Versuche, dein Herz wieder zu öffnen und emotionale Blockaden zu lösen. Starte etwas Neues, was dich erfüllt und glücklich macht, oder mache generell wieder mehr Dinge, welche dir Freude

bereiten, um deine Schwingung zu erhöhen und damit Liebe in dein Leben zu ziehen.

1

2

3

4

DIE GROßE ARKANA

Beim Auftauchen einer Großen-Arkana-Karte in einer Legung leuchtet dieser Bereich auf wie eine Leuchtreklame, welche alle Aufmerksamkeit auf sich zieht. Hier liegt eine große Lernaufgabe oder ein Schlüsselmoment in deinem Leben. Entweder hast du die Lernaufgabe integriert und kannst diese erfolgreich anwenden, oder du bekommst eine weitere Lektion, um dich in ihr zu üben.

0
DER NARR

BEDEUTUNG

Mit dem Narren beginnt eine neue Reise oder ein neuer Abschnitt für dich. Du musst den Sprung ins Unbekannte wagen und wirst dafür gegebenenfalls aus deiner Komfortzone herausgeworfen. Doch dieser Neuanfang birgt auch ein großes Potential für persönliches und spirituelles Wachstum. Auch wenn du keine Ahnung hast, was dich erwartet, so bist du doch optimistisch und bewegst dich mit Begeisterung vorwärts.

Potenzial, neue Phase, Geburt, Naivität, Spontaneität, Abenteuer, Reise

Umgekehrt ist die Lektion des Narren nicht integriert, und du bist ängstlich. Deine Unsicherheit hält dich davon ab, raus in die Welt zu gehen oder zu etwas Neuem „Ja" zu sagen. Damit blockierst du dein Wachstum oder das Wachstum der Situation. Ebenfalls kann ein Neuanfang generell blockiert sein.

UMGEKEHRT

1
DER MAGIER

BEDEUTUNG

Der Magier lässt etwas Neues in deinem Leben entstehen. Er weist dich darauf hin, dass du bereits alles hast, um deine Vision in der physischen Realität zu manifestieren. Also warte nicht länger und mach dich ans Werk! Das Erste, was du dazu brauchst, ist Klarheit über deine Absicht. Dann nutze alle äußeren und inneren Ressourcen, um deine Vision entstehen zu lassen. Als Magier zauberst du mit dem, was dir zur Verfügung steht, etwas Wundervolles.

Vision, Fokus, Manifestation, Magie, Alchemie, Kreativität

Umgekehrt ist die Lektion des Magiers nicht integriert. Du fühlst dich ideenlos und machtlos, da du keine Ahnung hast, wie du deine Ressourcen bestmöglich nutzen oder deine Vision manifestieren sollst. Zur Manifestierung deines Vorhabens kann es notwendig sein, dass du anfängst, kreativ zu denken oder erfinderisch zu werden.

UMGEKEHRT

2
DIE HOHEPRIESTERIN

BEDEUTUNG

Die Hohepriesterin weist dich darauf hin, dass es in einer betreffenden Situation mehr Informationen gibt, für die du aber aktuell noch keine faktischen Beweise hast. Dies kann sowohl im Positiven als auch Negativen gemeint sein. Höre auf deine Intuition, dein Bauchgefühl und lasse dich führen. Ebenfalls kann die Hohepriesterin dir eine Botschaft bringen, welche dich in deiner Weiterentwicklung voranbringt oder in der betreffenden Situation unterstützt.

Verborgenes Wissen, Bauchgefühl, Spiritualität, Orakel, Botschaft

Umgekehrt wurde die Lektion der Hohepriesterin noch nicht integriert, und du vertraust deinem Bauchgefühl und damit deiner Intuition nicht. Ebenfalls kann es sein, dass dir etwas verborgen ist über eine Situation, du es aber nicht ahnst, weil deine Intuition nicht anspringt. Wir haben alle feinfühlige Antennen, welche uns hier auf der Erde ein wichtiges Werkzeug sind. Lerne, sie zu nutzen.

UMGEKEHRT

3
DIE HERRSCHERIN

BEDEUTUNG

Die Herrscherin symbolisiert in ihrer Essenz eine fruchtbare Zeit. Die Konditionen sind gut, und wenn du dich jetzt liebevoll der betreffenden Situation zuwendest und sie nährst, wird sie weiterwachsen und aufblühen. Wertschätzung, Liebe und Pflege sind die Wurzel dieses Wachstums. Eine Zeit der Fülle erwartet dich. Da die Herrscherin der Archetyp der Mutter ist, kann sie ebenfalls eine Schwangerschaft anzeigen.

Fruchtbarkeit, Schwangerschaft, Liebe, Fülle, Zuwendung, Wertschätzung, Kreativität, Mutterschaft

Umgekehrt ist die Lektion der Herrscherin nicht integriert. Ob aus mangelnder Wertschätzung oder aufgrund anderer Faktoren: Es werden nicht genug Liebe, Aufmerksamkeit oder Zeit investiert, um für Wachstum zu sorgen. Das größte Potenzial nutzt wenig, wenn man sich nicht darum kümmert und es pflegt, oder es kann auf der anderen Seite zu unkontrolliertem Wachstum und Chaos ausarten.

UMGEKEHRT

4
DER HERRSCHER

BEDEUTUNG

Der Herrscher weist dich darauf hin, dass es notwendig ist, Ordnung und Struktur zu integrieren, wenn du jetzt erfolgreich sein und dein Ziel erreichen möchtest. Das kann auf Routinen hindeuten, auf die Ausarbeitung und Durchsetzung eines Planes oder auch darauf, Grenzen zu ziehen, bei dir selbst oder gegenüber anderen. Übernimm Verantwortung für den Erfolg eines Projektes, einer Beziehung oder einer Situation. All dies wird zu mehr Stabilität und Sicherheit führen.

Ordnung, Sicherheit, Führung, Regeln, Verantwortung, Schutz, Grenzen, Stabilität

Umgekehrt hast du die Lektion des Herrschers nicht integriert und übernimmst keine Verantwortung. Es kann sein, dass es dir schwerfällt, Ordnung zu halten oder nach gewissen Strukturen und Regeln zu leben. Dies führt letzten Endes nicht nur zur Instabilität, sondern blockiert dadurch auch den Erfolg der Situation.

UMGEKEHRT

5
DER HIEROPHANT

BEDEUTUNG

Der Hierophant weist dich darauf hin, dass es im Leben mehr als Ordnung und Struktur gibt, und fordert dich auf, nach einem tieferen Sinn zu suchen. Ein spiritueller Berater kann dir dabei helfen, in deiner spirituellen Entwicklung weiterzukommen, und er kann die Tür zu spirituellen Praktiken oder Traditionen öffnen. Synchronizitäten und Botschaften aus der geistigen Welt kommen jetzt vermehrt zu dir. Ebenfalls kann der Hierophant eine Ehe anzeigen oder darauf hinweisen, dass es einen tieferen Sinn für die betreffende Situation gibt. Hab Vertrauen in deinen Seelenplan.

Spirituelle Praktiken, Sinnhaftigkeit, spirituelle Führung, Lehrer, Tradition, Ehe

Umgekehrt hast du die Lektion des Hierophanten noch nicht integriert, und es fehlt dir entweder das Vertrauen in die geistige Welt und deinen Seelenplan, oder du lebst dein Leben ohne Sinnhaftigkeit, und es fehlt darin an Bedeutung. Auch kann der umgekehrte Hierophant bedeuten, dass du mit Traditionen brichst.

UMGEKEHRT

6
DIE LIEBENDEN

BEDEUTUNG

Mit den Liebenden geht es um die Beziehungen in deinem Leben und die Beziehung, welche du zur dir selbst hast. Um harmonisch in Beziehung mit einer anderen Person zu leben, musst du zunächst harmonisch in der Beziehung zu dir selbst sein, und die Liebenden fordern dich dazu auf. Kannst du dein Herz hören und Entscheidungen aus Liebe zu dir selbst treffen? Wozu sagst du aus vollem Herzen „JA!“? Darüber hinaus symbolisieren die Liebenden eine signifikante Verbindung in deinem Leben.

Verbindungen, Liebe, Entscheidung, ein „JA!“ aus vollem Herzen

Umgekehrt wurde die Lektion der Liebenden noch nicht integriert. Innere Konflikte manifestieren sich als Konflikte in deinen Beziehungen im Außen. Verbinde dich mit dir selbst und wende dich liebevoll deinen noch nicht geheilten Anteilen zu. Solltest du unsicher bezüglich einer Entscheidung sein, höre auf dein Herz. Dort wirst du die Antwort finden.

UMGEKEHRT

7
DER WAGEN

BEDEUTUNG

Der Wagen steht für deine Willenskraft. Dein Wille ist eine starke, treibende Kraft, die Berge versetzen kann. Wo ein Wille ist, ist auch ein Weg. Um dein Vorhaben erfolgreich umzusetzen, brauchst du, neben einer Portion Selbstbewusstsein, den absoluten Willen, dein Ziel zu erreichen. Dadurch symbolisiert der Wagen nicht nur das Potenzial für Erfolg, sondern auch den Fokus und eine Portion Durchsetzungskraft, um die Dinge in die Hand zu nehmen, dich dabei nicht ablenken zu lassen und damit zu kontrollieren, in welche Richtung sich die Situation entwickelt.

Fokus, Selbstbewusstsein, Kontrolle, siegessicher, Erfolg

Umgekehrt wurde die Lektion des Wagens noch nicht gemeistert. Du bist abgelenkt oder fühlst dich machtlos. Vielleicht, weil es dir an Selbstvertrauen mangelt und damit am Willen für die Umsetzung und das Erreichen deines Zieles, oder vielleicht fehlt dir schlichtweg das Ziel und damit die Richtung, in welche du dich bewegst.

UMGEKEHRT

8
DIE KRAFT

BEDEUTUNG

Die Kraft zeigt sich in Situationen, in denen du aus deiner Komfortzone heraustrittst und damit innere Stärke und Mut beweist. Dadurch symbolisiert die Kraft insbesondere deine persönliche Weiterentwicklung. In der Regel wächst du in den Momenten am meisten, in denen du dich mutig den Herausforderungen des Lebens stellst. Alternativ dazu kann mit der Kraft auch gemeint sein, dass du innere Stärke beweisen musst, indem du geduldig bist oder ruhig bleibst in Situationen, die dich triggern, beängstigen oder anstrengen. Atme ein und aus und erinnere dich daran: In der Ruhe liegt die Kraft.

Mut, Geduld, Ruhe, Komfortzone verlassen, innere Kraft, Charakterstärke

Umgekehrt hast du die Lektion der Kraft noch nicht gemeistert und bist ängstlich, ungeduldig, nervös und bleibst lieber in deiner Komfortzone. Ebenfalls kann es sein, dass du in herausfordernden Situationen überreagierst.

UMGEKEHRT

9
DER EREMIT

BEDEUTUNG

Der Eremit zeigt sich in Situationen, in denen du aufgefordert wirst, nach innen zu schauen. Zieh dich zurück, um Zeit mit dir allein zu verbringen. Du brauchst die Stille, um ohne Ablenkungen im Außen herauszufinden, was du wirklich willst. Oftmals zeigt der Eremit eine Selbstfindungsphase. Wenn du ruhig wirst, findest du in dir die Antworten, nach denen du suchst. Mit der gewonnenen Weisheit kannst du anderen ein Licht in der Dunkelheit sein. Vielleicht ziehst du dich auch zurück, weil du spürst, dass die betreffende Situation für dich nicht mehr stimmig ist.

Rückzug, Abgeschiedenheit, Stille, Selbstfindung

Umgekehrt wurde die Lektion des Eremiten noch nicht gemeistert. Du fühlst dich schnell ausgeschlossen, und es fällt dir schwer, allein zu sein. Dadurch kommst du nicht in die Verbindung mit dir selbst und lebst ein nach außen gerichtetes Leben.

UMGEKEHRT

10
DAS SCHICKSALSRAD

BEDEUTUNG

Das Schicksalsrad zeigt die Zyklen und Wellen des Lebens an. Das Auf und Ab des Lebens zu meistern ist eine Lernaufgabe, bei der es wichtig ist, nicht in den Widerstand zu gehen, sondern im Flow zu bleiben. Diese Karte kündigt einen Wendepunkt an, eine signifikante Kehrtwende in deinem Leben oder einer Situation, welche in der Regel zum Besseren führt. Jetzt kommt etwas in Bewegung. Außerdem kann es sein, dass die Situation von der geistigen Welt beeinflusst wird, um einen anderen Lauf zu nehmen. Damit kündigt, wie der Name schon sagt, diese Karte eine schicksalhafte Veränderung an.

Schicksal, Glücksfall, Wendepunkt, natürlicher Wandel, Zyklen

Umgekehrt wurde die Lektion des Schicksalsrads noch nicht gemeistert. Du wehrst dich gegen die Veränderung. Ebenfalls kann es sein, dass sich eine Situation jetzt verändert, aber in eine von dir ungewünschte Richtung.

UMGEKEHRT

11
DIE GERECHTIGKEIT

BEDEUTUNG

Zum einen zeigt die Gerechtigkeit an, dass du die Verantwortung für deine vergangenen Entscheidungen, Worte und Taten tragen musst. Was auch immer sich jetzt zeigt, du hast es auf die ein oder andere Weise mit erschaffen. Zum anderen kann das Auftauchen dieser Karte bedeuten, dass es darum geht, eine Situation neutral und unter Berücksichtigung aller dir vorliegenden Informationen zu beurteilen, um dann eine Entscheidung zu treffen. Die Konsequenzen dieser Entscheidung können dein Karma bestimmen. Im besten Fall wird mit dem Auftauchen der Gerechtigkeit nun ein Karma ins Gleichgewicht gebracht.

Bewertung, Urteil, Konsequenzen, Karma, Gerechtigkeit

Umgekehrt hast du die Lernaufgabe der Gerechtigkeit nicht gemeistert. Du bist unfähig, die Situation zu bewerten oder eine Entscheidung zu treffen, oder die Entscheidung, die du triffst, ist nicht die richtige, und deren Konsequenzen werden dadurch negativer ausfallen, da du noch einmal durch diese Lernaufgabe gehen musst.

UMGEKEHRT

12
DER GEHÄNGTE

BEDEUTUNG

Der Gehängte zeigt sich, wenn du auf der Suche nach Antworten, Lösungen und neuen Perspektiven bist, um damit eine Situation voranzubringen oder zu verändern. Dieser Prozess kann mal mehr, mal weniger Zeit in Anspruch nehmen. Daher ist es notwendig, dass du Geduld entwickelst und Einsatz zeigen musst, während du dich dieser Aufgabe widmest. Letzten Endes kommt mit dem Gehängten jedoch die Erkenntnis und damit das fehlende Puzzlestück, um dich in der entsprechenden Situation voranzubringen.

Suche nach Antworten, Einsatz, Widmung, Erkenntnis, neue Perspektiven

Umgekehrt hast du die Lernaufgabe des Gehängten nicht gemeistert und gibst auf, bevor Antworten, Lösungen oder eine wichtige Erkenntnis zu dir kommen können. Es fehlt dir an Geduld, weiteren Einsatz in der entsprechenden Situation zu zeigen.

UMGEKEHRT

13
DER TOD

BEDEUTUNG

Der Tod zeigt sich, wenn es an der Zeit ist, loszulassen. Dies kann auf eine innere, persönliche Transformation hinweisen, bei der du einen alten Teil von dir selbst loslassen musst und dadurch eine Wiedergeburt erfährst. Das Loslassen von Denk- und Verhaltensweisen sowie Glaubenssätzen fällt ebenfalls darunter. Der Tod kann allerdings auch einen Loslassprozess im Außen widerspiegeln. Dabei kann sich eine Situation transformieren oder muss gegebenenfalls komplett losgelassen werden.

Veränderung, Transformation, Wiedergeburt, Loslassen, Ende

Umgekehrt hast du die Lektion des Todes nicht integriert und wehrst dich gegen die Veränderung, Transformation oder das Loslassen. Durch den Widerstand kann es sein, dass emotionaler Schmerz oder Unbehagen intensiviert werden. Zudem blockierst du damit deine Entwicklung oder die der betreffenden Situation.

UMGEKEHRT

14
DIE MÄSSIGKEIT

BEDEUTUNG

Die Mäßigkeit kündigt Harmonie und Ruhe an. Allerdings nur, wenn du achtsam bist und nicht in ein Extrem fällst. Es ist wichtig, ein Gleichgewicht in dir selbst und deinem Leben herzustellen. Wie die Redewendung sagt: „Alles ist gut im rechten Maß." So fordert dich die Mäßigkeit auf, zu schauen, wo in deinem Leben ein Ungleichgewicht besteht, um dieses in die Balance zu bringen. Mit einem Sinn für Mäßigkeit kannst du ebenfalls Heilung in die verschiedenen Bereiche deines Lebens bringen.

Ausgleich, Gleichgewicht, Harmonie, Heilung

Umgekehrt wurde die Lernaufgabe der Mäßigkeit nicht gemeistert. Die Situation ist chaotisch oder in ein Extrem gefallen. Ein Zuviel des Guten, wie beispielsweise ein übermäßiger Konsum oder ein Nur-noch-Arbeiten bringen die Situation und damit gegebenenfalls sogar dein Leben in ein Ungleichgewicht.

UMGEKEHRT

15
DER TEUFEL

BEDEUTUNG

Der Teufel zeigt sich in Situationen, in denen du fremdgesteuert wirst. Dein Verhalten wird kontrolliert von deinem Verlangen nach Liebe, Geld, Substanzen etc. In der Essenz findest du hier die sieben Todsünden: Hochmut, Wollust, Zorn, Völlerei, Trägheit, Neid und Habgier. Diese Abhängigkeiten führen dazu, dass du dich machtlos und gefangen fühlst. In der Essenz bist es in der Regel jedoch du selbst, der/die dich zurückhält. Diese Karte fordert dich auf, hinter das WARUM der Sucht oder des Verlangens zu schauen und die Themen zu lösen, zu heilen und dich damit zu befreien.

Versuchung, Verlangen, Sucht, Materialismus, Kontrollverlust

Umgekehrt verliert der Teufel seine Macht. Er übt weniger und weniger Kontrolle über dich aus, und du bist dabei, die Themen seines Ursprungs zu heilen und dich von seinen Fesseln zu lösen.

UMGEKEHRT

16
DER TURM

BEDEUTUNG

Der Turm schüttelt dich durch, denn das Alte muss jetzt zerstört werden, um das Neue aufzubauen. So, wie eine Situation bisher gelaufen ist, geht es nicht weiter. Alte Strukturen fallen, oftmals ausgelöst durch ein unerwartetes Ereignis im Außen, welches dich in der Essenz befreien soll von Energien, die dich zurückhalten. Das schließt den Zusammenbruch alter Glaubenssätze und Verhaltensweisen auf radikale Art und Weise mit ein. Dies ist der Punkt, an dem es kein Zurück gibt. Du kannst nicht mehr so weitermachen wie zuvor. Später wirst du zurückschauen und feststellen, dass dies ein wichtiger Wendepunkt und damit Durchbruch in deinem Leben war.

Durchbruch, Schock, Krise, Überraschung, Befreiung

Umgekehrt bekommst du einen Hinweis darauf, dass etwas Altes zusammenbrechen muss, du aber sehr wahrscheinlich mit aller Kraft versuchst, die Situation zusammenzuhalten. Damit verzögerst du die Ausrichtung auf einen höher schwingenden Seelenpfad.

UMGEKEHRT

17
DER STERN

BEDEUTUNG

Schon seit jeher haben sich Menschen an den Sternen orientiert. Deshalb ist der Stern ein klares Zeichen dafür, auf dem richtigen Weg zu sein. Bald wird alles, was passiert, ist einen Sinn ergeben. Der Stern ermutigt dich somit, weiterzugehen, deine Vision aufrechtzuerhalten und optimistisch in die Zukunft zu blicken. Insbesondere nach Krisen und großen Veränderungen in deinem Leben gibt dir der Stern das Gefühl der Hoffnung, und damit findet ein innerer Wandel statt, bei dem du dich abwendest von der Vergangenheit und das Potenzial der Zukunft erkennst.

Inspiration, Optimismus, Heilung, Vertrauen

Umgekehrt hast du das Gefühl, im Dunkeln zu stehen. Du erkennst weder den Sinn einer Krise oder radikalen Veränderung in deinem Leben, noch erkennst du die Richtung, in die du jetzt gehst. Hoffnungslosigkeit ist das Resultat. Doch denke daran, auch die dunkelste Nacht wird irgendwann ein Ende finden.

UMGEKEHRT

18
DER MOND

BEDEUTUNG

Die Energie des Mondes ist diffus und kann mit deinem Verstand spielen. Er fordert dich auf, zu erkennen, was Realität und was Illusion ist. Sehr wahrscheinlich kannst du in der betreffenden Situation etwas nicht klar erkennen. Entweder hängst du einer Illusion oder Fantasie nach, idealisierst die Situation und siehst dabei wichtige Aspekte nicht. Oder die Situation triggert deine innewohnenden Ängste, und du stellst Vermutungen an basierend auf deinen Ängsten und Unsicherheiten, nicht aufgrund von Fakten. Die Lernaufgabe hier besteht darin, deinen Verstand zu beruhigen und zu schauen, was wirklich wahr ist.

Unsicherheiten, Ängste, Vermutungen, Fantasie, Träumerei

Umgekehrt wachst du aus der Illusion auf, die möglicherweise auf Angst oder Träumerei basiert, und siehst die Realität der Situation. Dadurch kann der umgekehrte Mond sowohl eine Erleichterung sein, wenn du realisierst, dass deine Ängste unbegründet waren, als auch ein Schock, da du einer Fantasievorstellung verfallen warst.

UMGEKEHRT

19
SONNE

BEDEUTUNG

Mit der Sonne siehst du eine Situation in einem anderen Licht als noch zuvor beim Mond und damit mit einem neuen Bewusstsein. Sie vertreibt alle Sorgen, schenkt Freude, Optimismus und Lebenskraft. Du fühlst dich wohl in der betreffenden Situation, bist von Glück erfüllt, voller Energie und Selbstbewusstsein. Mit dieser positiven Ausstrahlung wirst du zum Magneten für Erfolg, und es fällt dir leicht, deine Ziele zu erreichen. Alles entwickelt sich gut.

Freude, Glück, Sorglosigkeit, Optimismus, Lebenskraft, neues Bewusstsein, Selbstbewusstsein

Umgekehrt fällt die Sonne in ein Extrem. Ein Übermaß an Selbstbewusstsein wird zu Selbstüberschätzung, Stolz und Arroganz. Dies kann zu Leichtfertigkeit, Fehlern und Unachtsamkeit führen. Eine „Only-Good-Vibes"-Haltung kann zudem eine Verhaltensweise sein, die Schatten unterdrückt, anstatt sie zu bewältigen. Die Situation kann sich als oberflächig erweisen oder etwas zu sein scheinen, was sie nicht ist. Vielleicht fehlen dir Klarheit oder Bewusstsein.

UMGEKEHRT

20
DAS GERICHT

BEFREIUNG

BEDEUTUNG

Mit dem Gericht geht es darum, die Energien, welche dich noch an die Vergangenheit binden durch eine emotionale Schwere, welche durch Wut, Bedauern oder Trauer erzeugt wird, durch die Akzeptanz und Kraft der Vergebung zu lösen und zu heilen. Erst dann hast du wahrlich die Chance auf ein neues Leben ohne Altlasten und dein Herz ist wieder leicht wie eine Feder. Auch kann diese Karte bedeuten, dass dir etwas enthüllt wird oder generell die Auflösung von Karma symbolisieren.

Erlösung, Akzeptanz, Vergebung, Durchbruch

Umgekehrt hältst du an vergangene Erfahrungen fest und bist unfähig dich von ihnen zu befreien. Somit beschweren dich diese Energien, ziehen dich runter und halten dich davon ab, dein volles Potential zu leben. Diese Energien können zu unterbewussten, subtilen Verhaltensmustern führen, welche zur selbsterfüllenden Prophezeiung werden und dich erneut durch eine Lernaufgabe schicken können.

UMGEKEHRT

21
DIE WELT

BEDEUTUNG

Mit der Welt fühlst du dich angekommen. Ob in dir selbst, in deinem Zuhause, deiner Beziehung oder deinem Beruf. Ebenfalls kommt es zu einem erfolgreichen Abschluss einer Reise, ob wörtlich oder metaphorisch. Dabei kann eine Beziehung nun zu einem natürlichen Ende kommen, oder innerhalb einer Beziehung geht ein Kreislauf zu Ende, und eine komplett neue Phase ist dabei zu beginnen. Dieser Abschluss stellt immer auch einen Neuanfang dar. Wenn eine Tür sich schließt, öffnet sich eine neue. Du bist im Einklang und der Harmonie mit dir, deinem Leben oder der Situation.

Ankunft, Abschluss, Ganzheit, Harmonie, Erfolg, Reise

Umgekehrt kannst du mit dem vergangenen Kapitel nicht abschließen und läufst Gefahr, dass sich ein Kreislauf wiederholt. Du musst damit zurückgehen zur Lektion des Gerichts und dich in Akzeptanz und Vergebung üben, um die Energien der Vergangenheit zu lösen.

UMGEKEHRT

DIE KLEINE ARKANA

56 SITUATIONEN & ERFAHRUNGEN AUS VERSCHIEDENEN PERSPEKTIVEN

Die Karten aus der Kleinen Arkana zeigen dir, wie du eine Situation erlebst. Die Kelche symbolisieren das Wasserelement und zeigen verschiedene Gefühle und Emotionen an. Die Schwerter symbolisieren das Luftelement und zeigen deinen logischen Verstand, dein Denken und damit verbunden Strategien in den entsprechenden Situationen. Die Stäbe spiegeln as Feuerelement wider und stehen für deine Ambitionen, die Dinge, die dich antreiben, und damit das Potenzial für Wachstum. Die Münzen repräsentieren das Erdelement. Sie zeigen alles, wofür du in der materiellen Welt arbeitest. Dazu gehören der Beruf und die Finanzen, aber auch das Aufbauen eines Zuhauses, einer Familie oder des eigenen Körpers.

STÄBE

Die Stäbe symbolisieren das Element des Feuers. Sie sind dein inneres Feuer, die Sachen, für die du „brennst", für die du dich begeisterst. Es sind die Dinge, die dich antreiben, deine Ambitionen. Zum einen können das deine Interessen und Hobbys sein, zum anderen berufliche Projekte. In der Essenz bringen Stäbe Wachstum in der jeweiligen Situation, doch dieses ist manchmal hart erarbeitet und kommt nicht ohne Widerstände.

Stäbe sind aktiv, ambitioniert und freiheitsliebend.

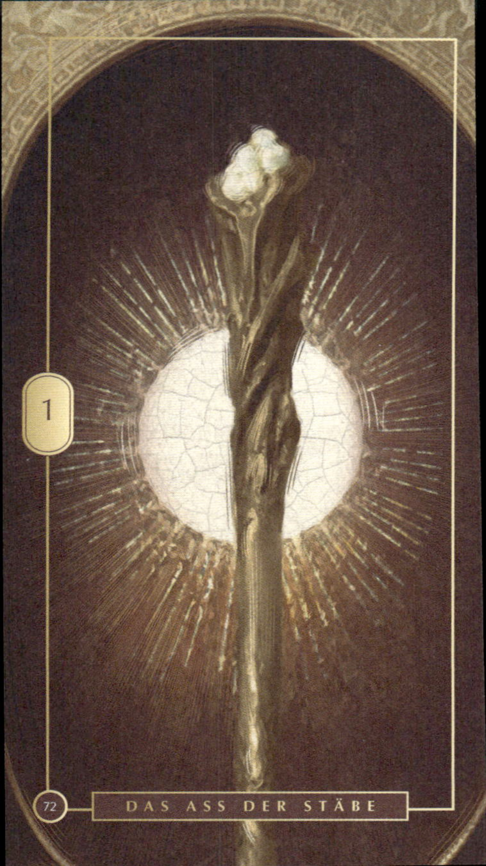
1
DAS ASS DER STÄBE

BEDEUTUNG

Das Ass der Stäbe zeigt den Moment der Empfängnis. Im wahrsten Sinne des Wortes kann dies der Beginn einer Schwangerschaft oder auch das Empfangen einer Idee sein. Du fühlst dich inspiriert und motiviert durch diese aufregende Möglichkeit. Du erkennst das Potenzial einer Situation, und mit deiner Begeisterungsfähigkeit reißt du andere Menschen mit. Die Situation hat ein großes Potenzial auf Wachstum. Außerdem kann es sein, dass du jetzt wieder neue Energie und damit Schwung und Elan verspürst.

Neue Möglichkeit auf Wachstum, Idee, Inspiration, Motivation, neue Energie, ein aufregender Neuanfang

Umgekehrt fühlst du dich antriebslos und uninspiriert. Du hast keine Idee, wie es in einer betreffenden Situation weitergeht, und das Potenzial für Wachstum ist blockiert. Es mangelt dir an Energie, Optimismus oder der Fähigkeit, dich für etwas zu begeistern.

UMGEKEHRT

2
DIE ZWEI DER STÄBE

Bedeutung

Die Zwei der Stäbe zeigt die Phase, nachdem ein Impuls ein neues Potenzial freigelegt hat. Egal was diesem Potenzial zugrunde liegt, es ist wichtig, die Situation voranzubringen. Ansonsten wird sich diese nicht weiterentwickeln. Du musst Entscheidungen treffen über die Richtung, in die es nun weitergehen soll, und dementsprechend vorausschauend planen und vorbereiten. Dies kann auch die Planung einer tatsächlichen Reise einschließen.

Richtungsweisende Entscheidung, Vorausschau, Planung, Vorbereitung, Weiterentwicklung einer Idee oder eines Potenzials

Umgekehrt verliert die Situation ihren Schwung. Entweder scheiterst du aufgrund der Unentschlossenheit über die Richtung, in der sich die Situation jetzt entwickeln soll, oder es scheitert schlichtweg an mangelnder Planung und Aktion. In der Essenz kann das daran liegen, dass ein Potenzial nicht erkannt wurde. Kein weiteres Wachstum ist möglich.

Umgekehrt

3
DIE DREI DER STÄBE

BEDEUTUNG

Die Drei der Stäbe symbolisiert Aktion und Wachstum. Egal ob du auf Reisen bist, an Projekten arbeitest oder dich weiterbildest; deine Erfahrungen lassen dich reifen, du erweiterst deinen Horizont und sorgst damit in der entsprechenden Situation für ordentliches Wachstum. Da dies nicht von heute auf morgen passiert, kann diese Karte auf einen längeren Zeitraum hinweisen, und somit musst du dich gegebenenfalls noch etwas gedulden, bis das gewünschte Ziel erreicht ist. Allerdings werden erste Erfolge bereits sichtbar.

Wachstum, Reise, erste Erfolge, Wartezeit, Entwicklung einer Situation

Umgekehrt stagniert die Situation. Was mal voller Begeisterung und Energie angefangen hat, steht jetzt still und schlägt um in Frustration. Die Situation entwickelt sich nicht weiter, oder du musst mit Verspätungen rechnen. Hindernisse und Einschränkungen beeinflussen die Situation.

UMGEKEHRT

4
DIE VIER DER STÄBE

BEDEUTUNG

Mit den Vier der Stäbe hast du erfolgreich ein Ziel erreicht, auf das du dich bereits eine Zeit lang zubewegt hast. Darauf kannst du stolz sein! Mit diesem Meilenstein gibt es einen Grund zum Feiern! Du genießt jetzt das Leben und deinen Erfolg und verbringst eine freudige Zeit mit Kollegen, Freunden oder deiner Familie. Dies kann im wahrsten Sinne des Wortes auch auf eine Feier oder Hochzeit hindeuten.

Erbrachte Leistung, Errungenschaft, Meilenstein, Feier, Erfolg

Umgekehrt bist du mit dem, was du erreicht hast, unzufrieden. Es kann sein, dass dich das Erreichen dieses Meilensteins doch nicht so glücklich macht wie erhofft oder es andere Konflikte gibt, welche dich davon abhalten, deinen Erfolg zu feiern. Ebenfalls können die Vier der Stäbe umgekehrt darauf hindeuten, dass eine Feier abgesagt wurde.

UMGEKEHRT

5
DIE FÜNF DER STÄBE

BEDEUTUNG

Mit den Fünf der Stäbe stehst du Anstrengungen und Hindernissen auf dem Weg zu größerem Erfolg gegenüber. Es gibt nun Herausforderungen, welche du meistern musst. Zusätzlich bist du jetzt sehr bemüht, eine Situation durch Übung oder Training zu verbessern. Ebenfalls kann es zu Interessenskonflikten mit anderen kommen, bei denen jeder eine andere Meinung hat und damit gehört oder gesehen werden möchte.

Konflikt, Herausforderung, Konkurrenz, Training, Anstrengung, Streben

Umgekehrt lässt du dich von den Herausforderungen, Anstrengungen und Konflikten zurückhalten und gibst auf. Denke daran, die Stufen zum Erfolg bestehen aus den Herausforderungen, die wir meistern und durch die wir wachsen. Es ist noch kein Meister vom Himmel gefallen, also überlege gut, ob du wirklich bereit bist, die Situation gehen zu lassen.

UMGEKEHRT

DIE SECHS DER STÄBE

BEDEUTUNG

Du hast es geschafft! Die Situation ist erfolgreich geworden! Du hast Hindernisse überwunden, bist daran gewachsen und gestärkt hervorgegangen. Ob im kleinen Kreis im Privatleben oder im ganz großen Stil in der Öffentlichkeit. Du wirst bewundert und verehrt und fühlst dich dadurch selbstbewusst und als Sieger. Diese Anerkennung und Wertschätzung hast du dir erkämpft!

Erfolg (in der Öffentlichkeit), Ruhm, Anerkennung, Sieg, Auszeichnung

Umgekehrt kann sich die Situation in einen Misserfolg wandeln, oder du bekommst schlichtweg keine Anerkennung für deine Bemühungen. Ebenfalls kann es sein, dass du unter dem Hochstapler-Syndrom leidest und das Gefühl hast, dass du den Erfolg nicht verdient hast. Besinne dich in diesem Fall zurück auf all die Hindernisse, die du überwinden musstest, um zu diesem Punkt zu gelangen und sei stolz auf dich!

UMGEKEHRT

7
DIE SIEBEN DER STÄBE

BEDEUTUNG

Mit den Sieben der Stäbe geht es jetzt darum, dass du deine Stellung hältst oder deinen Erfolg ausbaust. Du hast eine gute Position erreicht, und es gibt immer Neider, Konkurrenz oder andere Konflikte, welche von außen an dich herangetragen werden. Um weiter Fortschritte zu machen, darfst du dich davon nicht aufhalten lassen und musst diese Energien von dir fernhalten oder sie als Ansporn nutzen. Ebenfalls kann es sein, dass du dich im wahrsten Sinne in einem Streit verteidigen musst.

Widerstand, Verteidigung, Abwehr, Stellung halten, Vorsprung ausbauen

Umgekehrt fühlst du dich von Angreifern, Konkurrenz oder Konflikten überwältigt und beschließt, dass die Situation es nicht wert ist, weiter dafür zu kämpfen. Die Herausforderungen sind zu groß geworden, oder du hältst dem Druck von außen nicht stand.

UMGEKEHRT

8
DIE ACHT DER STÄBE

BEDEUTUNG

Mit den Acht der Stäbe hast du nicht aufgegeben, und der Erfolg ist unaufhaltsam. Die Situation entwickelt sich rasant vorwärts und macht in kurzer Zeit große Fortschritte. Wichtige Neuigkeiten oder eine Kommunikation tragen jetzt zur Weiterentwicklung der Situation bei. Auch eine Reise oder ein Umzug können anstehen, und die Erfahrungen, welche du machst, lassen dich weiter reifen.

Fortschritte, Aufstieg, Bewegung, Schnelligkeit, Kommunikation, Weiterentwicklung, Neuigkeiten

Umgekehrt kann es in der betreffenden Situation zu Verzögerungen oder gar einem Stillstand kommen. In extremen Fällen werden jetzt sogar Rückschritte gemacht. Dies kann manchmal notwendig sein, um einen vorherigen Fehler zu korrigieren. Denke aber auch daran: Jemand, der augenscheinlich Rückschritte macht, nimmt vielleicht gerade einfach nur Anlauf!

UMGEKEHRT

9
DIE NEUN DER STÄBE

BEDEUTUNG

Mit den Neun der Stäbe bist du erschöpft. Zwar bist du stärker, reifer und weiser als früher, aber die vergangenen Erfahrungen haben dich ausgelaugt. Zum einen kann es nun wichtig sein, auf dich aufzupassen und dir etwas Zeit zum Erholen zu gönnen. Auf der anderen Seite ist es wichtig, jetzt noch nicht aufzugeben. Ein wenig mehr Ausdauer ist notwendig, um in der betreffenden Situation die hart erarbeitete Ernte einzuholen oder etwas zu einem Abschluss zu bringen. Du bist kurz vor dem Ziel, sammle deine Kräfte, und weiter geht's!

Müdigkeit, Kraftlosigkeit, Verletzung, Widerstandskraft, Durchhaltevermögen, aus Vergangenheit lernen

Umgekehrt führt deine Kraftlosigkeit zu einem Rückzug oder gar dazu, dass du ganz aufgibst und die Situation loslässt. Vielleicht grenzt du dich auch aufgrund vergangener Verletzungen komplett ab, um dich zu schützen. Bedenke dabei: Damit hältst du nicht nur schmerzhafte Erfahrungen von dir ab, sondern auch die guten.

UMGEKEHRT

DIE ZEHN DER STÄBE

BEDEUTUNG

Mit den Zehn der Stäbe hast du etwas zu einem Abschluss gebracht und kannst die Ernte nach Hause bringen. In der Regel ist diese die Weisheit deiner Erfahrungen, welche dich haben reifen lassen. Du hast Erfolge gefeiert, Herausforderungen überwunden und Widerstandsfähigkeit bewiesen. Ebenfalls ist hier die Kehrseite des Erfolges zu sehen, und du trägst einen großen Verantwortungsdruck mit dir herum. Dadurch kann es sein, dass du dich emotional, mental oder körperlich ausgelaugt fühlst. Pass auf dich auf, bevor du unter dem Druck zusammenbrichst!

Erfolgreiche Ernte, Abschluss, harte Arbeit, Belastung, Erschöpfung, Verantwortung

Umgekehrt können die Zehn der Stäbe sich zu einer so großen Belastung entwickeln, dass daraus sogar ein Burnout entstehen kann. Zu viel Verantwortung, Arbeit oder Stress erzeugen einen Druck, unter dem du zusammenbrichst. Spätestens jetzt solltest du unbedingt Entscheidungen treffen, welche dich entlasten!

UMGEKEHRT

DIE PRINZESSIN DER STÄBE

BEDEUTUNG

Die Prinzessin der Stäbe zeigt, wie ein Neuanfang durch eine Nachricht, ein Angebot, eine Person oder von dir selbst initiiert wird. Schritt eins ist dabei, tiefer in die Angelegenheit zu schauen und zu beobachten, ob dich die Sache interessiert. Dabei bist du grundsätzlich aufgeschlossen, offen und optimistisch. Vielleicht musst du jetzt sogar mutig sein und ein Risiko eingehen. Sobald du dir klar bist, ob dies die Erfahrung ist, die du machen möchtest, stürzt du dich, ohne lange zu zögern, voller Energie und Euphorie in die Situation.

Nachrichten, Angebote, Neuanfang, Neugier, Mut, Optimismus, Begeisterungsfähigkeit, Unerfahrenheit

Umgekehrt werden die negativen Eigenschaften der Prinzessin deutlich. Du hast so viele Interessen, dass du vieles anfängst, jedoch nichts zu Ende bringst. Du lässt dich schnell begeistern und bist Feuer und Flamme für eine Sache, kannst dich dann jedoch nicht festlegen. Dadurch sind weder Wachstum noch Entwicklung möglich.

UMGEKEHRT

94
DER PRINZ DER STÄBE

BEDEUTUNG

Der Prinz der Stäbe zeigt deine Begeisterung für eine Sache, die dich antreibt, in die Aktion zu gehen. Du bist ambitioniert und motiviert mehr zu entdecken. Diese Erfahrungen lassen dich wachsen und reifen, und wahrscheinlich hast du eine Menge Spaß dabei. An Beständigkeit oder Stabilität ist hierbei nicht zu denken. Im Gegenteil. Es kann sein, dass du jetzt einen großen Freiheitsdrang hast und dazu noch extrem selbstbewusst bist. Sollten dies nicht deine Eigenschaften und Charakterzüge sein, sind es die einer Person in deinem Leben.

Aktion, Abenteuerlust, Erfahrungen, Freiheit, Unverbindlichkeit, Motivation

Umgekehrt kommen die negativen Eigenschaften des Prinzen zum Vorschein, und so kann es sein, dass du dich von einem Abenteuer ins nächste stürzt, immer auf der Suche nach dem nächsten Kick. „Ich will Spaß!" ist dein Motto. Dadurch wirst du unzuverlässig, unnahbar und vor allem ziemlich rücksichtslos.

UMGEKEHRT

DIE KÖNIGIN DER STÄBE

BEDEUTUNG

Die Königin der Stäbe erkennt das Potenzial von Projekten, Situationen oder Menschen. Dieses nährt sie, indem sie Menschen inspiriert oder motiviert und damit zur vollen Entfaltung verhilft. Sie ist also eine große Hilfe und Unterstützung. Entweder bist du jetzt eine Quelle der Inspiration für andere, oder eine andere Person unterstützt dich und stärkt dein Selbstvertrauen. Ebenfalls kann es sein, dass du jetzt stark, selbstbewusst und unabhängig deinen Weg gehst und die Dinge nährst, die dich interessieren oder dir einen tieferen Sinn geben.

Unterstützung, Hilfe, Motivation, Inspiration, Unabhängigkeit, Selbstbewusstsein

Umgekehrt kommen die negativen Eigenschaften der Königin der Stäbe zum Vorschein. Du oder eine andere Person können zur „Drama Queen" werden oder bissig reagieren. Ihre Unterstützung wirkt aufdringlich und überheblich. Ihre Arroganz machen die umgedrehte Königin der Stäbe zu einer Person, die man lieber umgehen möchte.

UMGEKEHRT

98
DER KÖNIG DER STÄBE

BEDEUTUNG

Der König der Stäbe zeigt vollendetes Potenzial und Reife. Er ist jemand, der seine Ambitionen und Ziele erreicht, weil er aus einem großen Erfahrungsschatz aus Erfolgen, Misserfolgen und überwundenen Herausforderungen zehren kann. Er ist damit ein kompetenter Berater und guter Anführer, denn er ist selbst durch die Erfahrung gegangen. Auf seine Mitmenschen wirkt er charismatisch und charmant. Er ist beliebt, selbstbewusst und hat nach wie vor große Visionen für die Zukunft, deren Umsetzung er vorausschauend plant. Entweder verkörperst du jetzt diese Energie oder eine Person in deinem Leben.

Erfahrung, Reife, Führungspersönlichkeit, Vision, Weitsicht, weiser Rat, Erfolg, Unabhängigkeit, Selbstbewusstsein

Umgekehrt werden die negativen Aspekte des Königs der Stäbe sichtbar. Sein Ehrgeiz und seine Ambitionen können sich in Perfektionismus umwandeln, und so kann er unnachgiebig und tyrannisch mit seinen Mitmenschen sein.

UMGEKEHRT

SCHWERTER

Die Schwerter symbolisieren das Element der Luft. Sie sind dein rationaler Verstand, dein analytisches Denken und damit deine Fähigkeit, Probleme und Herausforderungen zu lösen oder Ziele mit der bestmöglichen Strategie oder Herangehensweise zu erreichen. Dein Verstand kann ein starker Verbündeter oder dein ärgster Feind sein. Ebenfalls fällt deine Kommunikation in das Element der Schwerter.

Schwerter sind schnell, schneidend, rational und analytisch.

1
ASS DER SCHWERTER

BEDEUTUNG

Das Ass der Schwerter zeigt dir den Moment der Erkenntnis. Du siehst jetzt die Wahrheit einer Situation und hast das Wissen oder die Klarheit darüber, wie sich diese weiterentwickeln kann. Ebenfalls kann dies auf den Moment hinweisen, in dem sich eine verwirrende Situation für dich klärt oder du jetzt weißt, wie du ein Problem erfolgreich lösen kannst. Darüber hinaus ist das Ass der Schwerter ein Durchbruch, bei dem sich für dich endlich etwas klärt.

Absolutes Wissen und Klarheit, Durchbruch, Potenzial auf Erfolg, Wahrheit, Lösung

Umgekehrt mangelt es dir an dem Wissen oder der Klarheit, welche du brauchst, um eine herausfordernde Situation zu lösen. Ebenfalls kann es sein, dass du in Verwirrtheit feststeckst und die Wahrheit einer Situation nicht erkennst.

UMGEKEHRT

2
DIE ZWEI DER SCHWERTER

Bedeutung

Mit den Zwei der Schwerter bist du unentschlossen oder unfähig, eine Entscheidung zu treffen. Vielleicht denkst du zu viel darüber nach, oder du hast das Gefühl, noch nicht genug Informationen zu haben. Das kann daran liegen, dass du vielleicht zwei unterschiedliche Meinungen zu der Situation hast. Denke daran: Wenn dein rationaler Verstand dich nicht weiterbringt, kann es manchmal hilfreich sein, deine Intuition zu Rate zu ziehen. Ebenfalls kann es sein, dass es eine Meinungsverschiedenheit zwischen dir und einer anderen Person gibt.

Unentschlossenheit, Konflikt, zwei Meinungen, Unklarheit, Streit

Umgekehrt wird dir so langsam bewusst, wie du dich in der betreffenden Situation entscheiden solltest. Allerdings bedeutet dies nicht, dass es dir leichtfällt, diese Entscheidung zu treffen. Dementsprechend kann es sein, dass du diese Entscheidung weiter hinauszuzögern versuchst.

Umgekehrt

3
DIE DREI DER SCHWERTER

BEDEUTUNG

Die Drei der Schwerter zeigen Kummer, Leid und sogar Herzschmerz an. Die Ursache dafür können Streitgespräche sein, in denen verletzende Worte fallen. Auch kann es sich dabei um eine Situation handeln, welche sich nicht wie erhofft entwickelt und bei der man nun versucht, Lösungen zu finden. Dies kann allerdings bedeuten, dass man sich dazu entschließt, getrennte Wege zu gehen, was wiederum die Ursache für den Schmerz sein kann. Auch kann es sein, dass du an eine Situation denkst, welche dir Leid bereitet.

Verletzende Worte, Herzschmerz, Leid, Brainstorming, kreative Lösungen

Umgekehrt löst sich der Konflikt, welcher dir Herzschmerz bereitet hat, und die Heilung kann beginnen. Vielleicht haben du und die andere Person auch eine gute Lösung gefunden für das Problem. Alternativ kommst du jetzt langsam über einen Schmerz hinweg, durch den du dich bereits eine Zeit lang durcharbeitest.

UMGEKEHRT

4
DIE VIER DER SCHWERTER

BEDEUTUNG

Die Vier der Schwerter zeigen den Moment, nachdem der Schmerz nachgelassen hat. Es ist der Moment der Heilung, welcher dir inneren Frieden bringt. Du kommst jetzt zur Ruhe und nimmst dir vielleicht sogar ganz bewusst eine Auszeit oder gehst auf ein Retreat. Auch spirituelle Praktiken wie Meditation und alles, was deinen Geist beruhigt und dich wieder in deine Energie und Kraft bringt, gehören dazu. Nicht immer muss es dabei um eine große Auszeit gehen. Vielleicht ziehst du dich auch nur ein paar Stunden zurück und verbringst Zeit mit dir allein.

Auszeit, Ruhe, Heilung, Meditation, Erholung, Entspannung

Umgekehrt kannst du den Schmerz nicht loslassen. Deine Gedanken kreisen immer wieder um die Situation, welche dir Leid gebracht hat oder immer noch bringt, und du bist nicht in der Lage, zu entspannen. Deine Gedanken erzeugen deine Gefühle, und in diesem Fall aktivierst du den Schmerz dadurch immer wieder in deinem Energiefeld.

UMGEKEHRT

DIE FÜNF DER SCHWERTER

Bedeutung

Die Fünf der Schwerter zeigen eine Person, welche ohne Rücksicht auf Verluste oder die Gefühle anderer versucht, sich einen Vorteil zu verschaffen, und um jeden Preis gewinnen möchte. Dabei interessiert es diese Person nicht, was aus der Beziehung wird. Hauptsache, er oder sie steht am Ende gut da. Sei also besonders achtsam und schaue, ob du vielleicht gerade ausgenutzt wirst. Auf der anderen Seite können die Fünf der Schwerter auch unüberwindbare Konflikte und Streitigkeiten symbolisieren, von denen sich zurückzuziehen besser ist. Mit manchen Menschen kann man nicht vernünftig reden. Wähle deine Kämpfe also mit Bedacht.

Egoismus, Rücksichtslosigkeit, Ausnutzung, Missbrauch, Kampf, Konflikt, Niederlage

Umgekehrt wird dir bewusst, dass du in dieser Situation nicht weiterkommst, sich Konflikte nur wiederholen, oder du erkennst das wahre Gesicht einer Person. Dadurch wird dir klar, dass alles, was du jetzt tun kannst, ist, dich zurückzuziehen.

Umgekehrt

DIE SECHS DER SCHWERTER

BEDEUTUNG

Mit den Sechs der Schwerter packst du deine Sachen und verlässt eine Situation, welche nur noch aus Konflikt und Kampf bestand. Du begibst dich auf eine Reise in eine ruhigere Zukunft. Vielleicht machst du das im wahrsten Sinne durch einen Umzug oder eine Reise. Die Entscheidung, eine Situation zu verlassen, ist dabei eine Kopfentscheidung. Für dein Wohl und deinen Frieden musst du die Vergangenheit hinter dir lassen! Dabei fühlst du dich aktuell zwischen den Welten. Die alte Situation wurde verlassen, und du bist auf dem Übergang in ruhigere Gewässer.

Übergang, Fortgang, Konflikt verlassen, sich vorwärtsbewegen

Umgekehrt gehst du zurück (gedanklich oder buchstäblich) in eine Situation, welche dir nicht gutgetan hat und die von Kämpfen und Konflikten geprägt war. Was auch immer dich an die Vergangenheit bindet, überlege, ob das Zurückgehen wirklich das Richtige ist und ob sich etwas an der Basis der Situation geändert hat.

UMGEKEHRT

DIE SIEBEN DER SCHWERTER

BEDEUTUNG

Mit den Sieben der Schwerter überlegst du dir eine Strategie und Taktik, um das Beste aus einer Situation rauszuholen oder um diese zu deeskalieren. Eine dieser Strategien kann ein Sich-langsam-aus-der-Situation-Rausziehen sein. Vielleicht bist du auch in der Lage, dich wortgewandt aus einer Sache raus- oder reinzureden oder der anderen Person den Wind aus den Segeln zu nehmen. In manchen Fällen kann diese Karte auch auf die Strategie der Täuschung hindeuten und mahnt daher zu Achtsamkeit.

Strategie, Taktik, Vorteil verschaffen, entwaffnen, Täuschung

Umgedreht kann sich die betreffende Situation zum einen verschlimmern oder gar eskalieren. Daher achte jetzt besonders auf deine Worte und Taten, wenn du dies vermeiden möchtest. Auch kann es sein, dass du dich selbst täuschst und dir die Realität der Situation, in welcher du dich befindest, nicht eingestehst.

UMGEKEHRT

8
DIE ACHT DER SCHWERTER

BEDEUTUNG

Die Acht der Schwerter symbolisieren das Gefühl festzustecken oder generell Einschränkungen in der betreffenden Situation. Diese entwickelt sich nicht weiter, und du fühlst dich unfähig, sie zu beeinflussen oder in eine Richtung zu bewegen, die du bevorzugst. Dem können limitierende Glaubenssätze zugrunde liegen und das Gefühl, keine andere Wahl zu haben. Mit dieser Karte kann es sein, dass du Ausreden findest, warum etwas nicht klappt oder nicht machbar ist, anstelle dich den Möglichkeiten zu öffnen, welche dir ebenfalls zur Verfügung stehen.

Einschränkung, limitierende Glaubenssätze, feststecken, Gefangenschaft, Hilflosigkeit

Umgekehrt kannst du dich von den Einschränkungen befreien, oder dir wird bewusst, wo du dich selbst zurückgehalten hast. Durch diese Erkenntnis bist du in der Lage, die Fesseln deiner Glaubenssätze und limitierenden Gedanken zu lösen und kannst dich und die Situation weiter voranbringen.

UMGEKEHRT

DIE NEUN DER SCHWERTER

BEDEUTUNG

Die Neun der Schwerter symbolisieren Gedanken, welche dir schlaflose Nächte bereiten. Unfähig diese loszulassen, verzweifelst du immer mehr. Damit kann diese Karte auch für die dunkle Nacht der Seele stehen, in der alles schwarz erscheint. Intensiver Stress, Panikattacken und Ängste werden durch ein Überdenken der Situation erzeugt. Manchmal kann es auch schlichtweg sein, dass du immer wieder eine Situation gedanklich durchspielst und überlegst, was du hättest sagen sollen oder was du sagen wirst.

Negative Gedanken, Sorgen, Ängste, Zweifel, Panik, schlaflose Nächte, Stress, Überdenken

Umgekehrt können die negativen Gedanken endlich losgelassen werden und du arbeitest dich durch die Angst- oder Panikattacken durch. Damit verbessert sich die Situation langsam. Das bedeutet nicht, dass ein eventuelles Problem verschwunden ist, aber dass deine Gedanken zu der Situation dich nicht mehr terrorisieren.

UMGEKEHRT

10
DIE ZEHN DER SCHWERTER

Bedeutung

Die Zehn der Schwerter zeigen das Ende einer schweren Phase. Zwar kann dieses recht radikal und manchmal auch schmerzhaft sein. Das Gute ist jedoch, dass der Kampf, die dunkle Nacht, jetzt vorbei ist. Ein neuer Tag bricht an, und es gibt kein Zurück. Es kann sein, dass du dich zerschlagen und erschöpft fühlst, denn die Situation war nicht leicht für dich. In manchen Fällen kann auch das Gefühl, hintergangen worden zu sein, mitschwingen. Ebenfalls kann diese Karte das Ende einer Idee oder eines Gedankens, den du bezogen auf eine Situation hattest, darstellen.

Silberstreifen am Horizont, Lichtblick, Schlussstrich, Ende (des Kampfes)

Umgekehrt ist die Deutung sehr ähnlich. Du erkennst jetzt, was enden muss, oder verstehst, warum die Situation endete. Dadurch kannst du etwas besser mit diesem Ende umgehen und langsam von der schweren Phase, aus der du kommst, heilen.

Umgekehrt

PRINZESSIN DER SCHWERTER

BEDEUTUNG

Die Prinzessin der Schwerter zeigt neue Informationen, neues Wissen und viele Ideen. Diese können durch eine Nachricht oder durch Kommunikation mit einer anderen Person kommen oder, weil du selbst recherchierst und aktiv danach suchst. Dieses Wissen hilft dir, etwas Neues in deinem Leben zu initiieren, neue Pläne zu schmieden, oder bringt dir Klarheit. Du denkst dabei viel nach, analysierst und redest enthusiastisch über alle deine großartigen Ideen.

Nachricht, Information, Wissen, Idee, Ankündigung, Neuanfang, Euphorie

Umgekehrt werden die negativen Eigenschaften der Prinzessin deutlich. Dein schneller Verstand führt zu arroganter Überheblichkeit. Du redest viel, ohne darüber nachzudenken, wie es beim Gegenüber ankommt. Deine mangelnde Empathie kann verletzend sein. Du hast großartige Ideen, kannst sie aber nicht umsetzen. Es mangelt an Reife, Verstand und Kommunikation erfolgsbringend einzusetzen.

UMGEKEHRT

DER PRINZ DER SCHWERTER

BEDEUTUNG

Mit dem Prinz der Schwerter hast du dir ein Ziel gesetzt und lässt dich durch nichts und niemanden davon abhalten. Du bist intelligent, hast eine schnelle Auffassungsgabe und ein Talent für Kommunikation, welches zugegeben noch nicht gereift ist. Schnell bewegst du dich vorwärts, dein Schlachtplan ist „Angriff". Auch wenn deine Strategie nicht immer die beste ist, so bringst du damit Dinge in Bewegung. Deine Zielstrebigkeit motiviert und treibt dich an.

Schnelligkeit, Bewegung, Fokus auf Ziele, Kommunikation

Umgekehrt werden die negativen Eigenschaften des Prinzen der Schwerter deutlich. Dein intelligenter, schnell denkender Verstand kann dich fehlleiten. Du denkst, du hättest eine Situation bereits durchschaut, und während du nach vorne sprintest, übersiehst du wichtige Details, welche dich deinen Erfolg kosten können. Es mangelt dir an Empathie für deine Mitmenschen und andere können sich von dir überrumpelt fühlen.

UMGEKEHRT

DIE KÖNIGIN DER SCHWERTER

BEDEUTUNG

Für die Königin der Schwerter hat Wahrheit oberste Priorität, ob in der Kommunikation mit anderen oder mit sich selbst. Sie will ihre authentische Wahrheit sprechen und leben, auch wenn das bedeutet, dass sie sich unbeliebt macht oder Menschen sich von ihr abwenden. Sie hat sich von den Fesseln der Gesellschaft oder davon, was andere über sie denken, befreit. Dabei ist was sie zu sagen hat nicht immer angenehm. Die Wahrheit kann schmerzen. Entweder hilfst du anderen, im Gespräch Klarheit zu erlangen, oder eine andere Person unterstützt dich auf diese Weise. Auch kann es sein, dass du jetzt Klarheit darüber bekommst, was für dich funktioniert und was nicht.

Unterstützung, Kommunikation, Klarheit, Wahrheit, Unabhängigkeit

Umgekehrt kommen die negativen Eigenschaften der Königin der Schwerter zum Vorschein. Du oder eine andere Person kommuniziert rücksichtslos, gibt ungefragt die eigene Meinung ab und kann taktlos und verletzend sein.

UMGEKEHRT

KÖNIG DER SCHWERTER

BEDEUTUNG

Der König der Schwerter ist ein weiser Berater in Situationen, welche Kommunikation, rationales Denken und eine Strategie erfordern. Er fällt ein Urteil über die betreffende Situation und weiß, wie er am besten Probleme lösen und Ziele erreichen kann. Er schneidet durch die Verwirrung, bringt Klarheit und ist ein Experte in allen rechtlichen Angelegenheiten. Entweder verkörperst du oder eine Person in deinem Leben diese Energie.

Autorität, Führung, Strategie, Analyse, Intelligenz, Entscheidung, Debatte, Anweisungen

Umgekehrt kommen die negativen Eigenschaften des Königs der Schwerter zum Vorschein. Er ist unterkühlt, herzlos und hart und kann sogar als tyrannisch empfunden werden. Er hat sich von seinem Herzen komplett abgekoppelt und ist nur noch in seinem Verstand.

UMGEKEHRT

KELCHE

Die Kelche symbolisieren das Element des Wassers. Sie stehen für deine Gefühle und deine Emotionen. Dementsprechend finden sich hier oftmals deine Beziehungen wieder mit der gesamten Bandbreite an emotionalen Erfahrungen, die du erleben kannst. In der Essenz geht es mit den Kelchen darum, Erfüllung zu finden und diese zu leben. Doch manchmal ist die Reise ins Glück ein langer Weg, auf dem du dich selbst in der Tiefe entdeckst, kennenlernst und verstehst.

Kelche sind fließend, sanft, gefühlvoll und verträumt.

1
ASS DER KELCHE

BEDEUTUNG

Das Ass der Kelche symbolisiert einen Neuanfang in deinem Leben, welcher dich sehr glücklich macht. Du sprudelst über vor Freude, denn diese Situation hat das Potenzial, dir großes Glück, Liebe oder spirituelle Erfüllung zu geben, sofern sich alles gut entwickelt. Auch werden emotionale Blockaden gelöst, und deine Emotionen können wieder frei fließen. Daher trägt das Ass der Kelche auch zur emotionalen Heilung bei, und du fühlst dich erfrischt, erneuert und inspiriert.

Glücklicher Neuanfang, Freude, Potenzial auf emotionale Erfüllung, neue Liebe, emotionale Heilung, im Flow

Umgekehrt sind deine Emotionen oder die einer anderen Person unterdrückt oder sogar blockiert und damit ebenfalls der Neuanfang. Du fühlst dich uninspiriert und freudlos. Die Situation ist nicht im Fluss.

UMGEKEHRT

DIE ZWEI DER KELCHE
2

BEDEUTUNG

Die Zwei der Kelche zeigen eine harmonische Beziehung auf Augenhöhe. Beide Seiten teilen die gleichen Gefühle füreinander und haben eine gemeinsame Vision für die Zukunft. Durch die tiefe Verbindung kann diese Karte auch auf einen Seelenpartner hindeuten. Ebenfalls sind Verträge, Verbindungen und jegliche Zusammenschlüsse im Gleichgewicht, und jeder zieht einen Nutzen aus der Situation. Beide Seiten gewinnen und sind glücklich über das Zusammenkommen.

Partnerschaft, gemeinsame Visionen und Träume, Harmonie, Seelenpartner

Umgekehrt entstehen Konflikte in Partnerschaften und Verträgen. Diese können durch eine Misskommunikation oder auch durch generelles Misstrauen zustande kommen. Im Extremfall leben sich beide Seiten auseinander und haben unterschiedliche Visionen von der Partnerschaft oder generell der Zukunft.

UMGEKEHRT

3
DIE DREI DER KELCHE

BEDEUTUNG

Es gibt einen Grund zum Feiern mit den Drei der Kelche. Im wahrsten Sinne des Wortes kann dies auf eine Feier oder ein soziales Event hindeuten. Man teilt schöne Momente mit Gleichgesinnten, egal ob mit Freunden oder Arbeitskollegen. Daher spielen generell Gruppendynamiken eine große Rolle. Die Drei der Kelche zeigen eine Zeit der Fülle und des Überflusses an. Die Dinge entwickeln sich gut und machen dich sehr glücklich.

Freude, Feier, Freundschaft, schöne Momente teilen, glückliche Zeit, Gruppen, soziale Kontakte

Umgekehrt kann es zum einen sein, dass du dich betrübt und freudlos fühlst. Vielleicht aufgrund dessen, dass du allein bist und die Momente deines Lebens mit niemandem teilen kannst. Auf der anderen Seite können in Beziehungsangelegenheiten drei Personen auch eine zu viel sein. Du bist gegebenenfalls das dritte Rad am Wagen. Auch kann es sein, dass du oder eine Person versuchen, mit übermäßigem Feiern der Wirklichkeit zu entfliehen.

UMGEKEHRT

DIE VIER DER KELCHE
4

BEDEUTUNG

Mit den Vier der Kelche erfüllt dich eine Situation nicht mehr. Vielleicht ist es nur ein subtiles Gefühl, das sich irgendwas nicht mehr stimmig anfühlt. Vielleicht fühlst du dich aber bereits auch schon seit einiger Zeit unzufrieden, da die Situation stagniert und sich nicht weiterentwickelt. Daher kann diese Karte auch eine Zeit der Kontemplation bedeuten, in der du dich zurückziehst, um herauszufinden, was du brauchst, um wieder glücklich zu sein. Ebenfalls weist diese Karte auf eine Wartezeit hin und darauf, dass du oder eine andere Person Chancen oder Angebote aufgrund einer Lethargie nicht sehen können oder diese sogar ablehnen.

Unzufriedenheit, Langeweile, Frustration, Nachdenken, Gleichgültigkeit, Ablehnung

Umgekehrt ist die Phase der Kontemplation vorbei, und somit kann eine eingefahrene Situation langsam wieder in den Fluss kommen. Du fühlst dich motiviert, denn du weißt jetzt, was du brauchst, um wieder glücklich und erfüllt zu sein.

UMGEKEHRT

5
DIE FÜNF DER KELCHE

BEDEUTUNG

Mit den Fünf der Kelche haben sich die Dinge nicht so entwickelt wie erhofft. Die Enttäuschung darüber ist groß. Vielleicht ist sogar etwas zerbrochen oder verloren gegangen. Du befindest dich aktuell in der Phase des Bedauerns oder Trauerns. Der Fokus liegt dabei so stark auf der Situation, welche dir Kummer bereitet, dass du aktuell nicht sehen kannst, was in der Zukunft noch auf dich wartet. Daher ist diese Karte immer ein Hinweis darauf: Fühle die Emotionen, arbeite dich durch sie hindurch und lasse die Situation dann los, um offen zu sein für neues Glück in deiner Zukunft.

Trauer, Bedauern, Enttäuschung, Verlust

Umgekehrt bist du in der Lage, den Blick abzuwenden von vergangenen Enttäuschungen, und schaust in die Zukunft. Du lässt jetzt los, die Zeit des Trauerns ist vorbei, und du öffnest dich somit neuen Chancen und Möglichkeiten in der Zukunft.

UMGEKEHRT

DIE SECHS DER KELCHE

BEDEUTUNG

Mit den Sechs der Kelche spielt deine Vergangenheit eine große Rolle. Die Situation kann zum einen verknüpft sein mit deiner Kindheit. Ebenfalls kann jemand aus deiner Vergangenheit zurück in dein Leben kommen. Dies kann auch auf einen Seelenpartner aus einem vergangenen Leben hinweisen. Die Sechs der Kelche symbolisieren Erinnerungen an die gute alte Zeit und damit ein Gefühl der Nostalgie. Während es schön sein kann, in die Vergangenheit abzutauchen, ist es allerdings wichtig, nicht in ihr stecken zu bleiben.

Erinnerungen, Nostalgie, Wiedervereinigung, Seelenpartner

Umgekehrt wird der Aspekt verstärkt, in dem man die rosarote Brille trägt und in schönen oder romantischen Erinnerungen aus der Vergangenheit stecken bleibt. Auf der anderen Seite kann es sein, dass du langsam anfängst, dich mit den umgekehrten Sechs der Kelche von deiner Vergangenheit zu lösen.

UMGEKEHRT

7
DIE SIEBEN DER KELCHE

BEDEUTUNG

Mit den Sieben der Kelche steckst du in einem Gefühlschaos. Entweder bist du dir nicht sicher, was du bezogen auf eine Situation oder Person fühlst, oder du bist im Unklaren über die Gefühle einer anderen Person. In der Essenz stellt sich hier die Frage, ob der Weg, auf dem du dich befindest, dich glücklich machen wird, und so bekommst du die Gelegenheit, die Situation neu zu bewerten. Auch kann es sein, dass es jetzt mehrere Möglichkeiten gibt, wie sich die Situation entwickelt. Damit hast du die Qual der Wahl. Frage dich auch hier wieder: Was bringt dir wirklich Glück und Erfüllung?

Gefühlschaos, Verwirrung, Optionen, Neubewertung, Entscheidung, Tagträume

Umgekehrt bist du entweder überwältigt, weil es zu viele Optionen gibt und du nicht weißt, welche dir wirklich Glück und Erfüllung bringt, oder es gibt in der betreffenden Situation einen Mangel an Optionen, was dich ratlos dastehen lässt.

UMGEKEHRT

8
DIE ACHT DER KELCHE

BEDEUTUNG

Mit den Acht der Kelche distanzierst du dich emotional von einer Situation oder lässt eine emotionale Situation hinter dir. Du lässt los, um dich auf die Reise deiner Wunscherfüllung zu begeben, denn die Situation, welche du hinter dir lässt, erfüllt dich bereits seit einiger Zeit nicht mehr. Die Karte kündigt dadurch große Veränderungen an und die Suche nach mehr. Im wahrsten Sinne kann damit auch ein Umzug oder eine Reise gemeint sein.

Fortgang, Loslassen, Distanz, Weitergehen, Suche

Umgekehrt führt die Angst davor, etwas loszulassen, dazu, dass du in einer Situation bleibst, die dich nicht mehr erfüllt. Wir Menschen sind Gewohnheitstiere und bleiben oftmals lieber in Situationen, die uns zwar nicht glücklich machen, in denen wir aber zumindest unseren Platz kennen und wissen, was wir haben. Langfristig gesehen, wirst du damit jedoch nicht glücklich werden.

UMGEKEHRT

DIE NEUN DER KELCHE

BEDEUTUNG

Die Neun der Kelche symbolisieren das Gefühl der Dankbarkeit und Zufriedenheit. Du genießt das Leben oder generell die Situation, in der du dich befindest. Das kann daran liegen, dass ein Herzenswunsch in Erfüllung gegangen ist. Vielleicht bist du aber auch in der Lage, dich selbst zu verwirklichen, und du fühlst dich daher gesegnet. Auch wenn diese Karte darauf hindeutet, dass du persönlich dein Glück gefunden hast, so muss dies nicht zwingend bedeuten, dass du dieses allein genießt. Allerdings weist sie darauf hin, dass diese Situation mit deiner persönlichen Erfüllung oder persönlichen Wünschen verbunden ist.

Zufriedenheit, Selbstverwirklichung, Dankbarkeit, Wunscherfüllung, Segnung, Fülle

Umgekehrt kann es sein, dass du deinen Traum, deine Erfüllung noch nicht erreicht hast und zweifelst, ob du es jemals wirst und ob du auf dem richtigen Weg bist. Ebenfalls kann es sein, dass ein Traum geplatzt ist oder du in der betreffenden Situation unzufrieden und nicht glücklich bist.

UMGEKEHRT

10
DIE ZEHN DER KELCHE

BEDEUTUNG

Was könnte schöner sein als das eigene Glück und die Erfüllung? Diese auch mit anderen teilen zu können! Ob mit Freunden, der Familie, der Seelenfamilie oder auch dem Partner. Tiefe Gefühle, langanhaltendes Glück und die große Liebe findest du mit den Zehn der Kelche. Ebenfalls kann es sein, dass du mit deinen Liebsten eine wundervolle Zeit verbringst. Falls du bereits glücklich warst, wirst du jetzt überglücklich sein. Dies ist die Kirsche auf der Sahnetorte. Herzlichen Glückwunsch! Genieße die Zeit!

Glück, Liebe, (Seelen-)Familie, Gemeinschaft, langanhaltendes Glück, tiefe Erfüllung

Umgekehrt gibt es mit deinen Liebsten Streitigkeiten und Konflikte. Das Glück mit deinen engsten Mitmenschen ist getrübt. Im Extremfall kann es hier auch zu einer Trennung kommen.

UMGEKEHRT

152

DIE PRINZESSIN DER KELCHE

BEDEUTUNG

Die Prinzessin der Kelche kann eine emotionale Nachricht, eine Entschuldigung oder ein Angebot zu dir bringen, welches dich zum Träumen einlädt. Eine neue Bekanntschaft führt zu Frühlingsgefühlen, und du siehst die Welt durch eine rosarote Brille. Ist das die Liebe deines Lebens? Hast du hier einen Freund fürs Leben gefunden? Oder bringt dir diese berufliche Möglichkeit tiefe Erfüllung? Das Potenzial für all dies ist jetzt gegeben. Dabei fühlst du dich leicht, inspiriert, und vielleicht schwebst du sogar auf Wolke sieben. Bei der Frage, ob du in diese Situation deine Gefühle investieren sollst, folgst du deinem Herzen und deiner Intuition.

Nachricht, Angebot, Ankündigung, glücklicher Neuanfang, Verliebtheit, Tagträume, neue Gefühle, Glück

Umgekehrt werden die negativen Eigenschaften der Prinzessin der Kelche deutlich. Durch die rosarote Brille und dem Schweben auf Wolke 7 verlierst du nicht nur die Bodenhaftung, sondern auch den Blick für die Realität der Situation.

UMGEKEHRT

DER PRINZ DER KELCHE

BEDEUTUNG

Mit dem Prinzen der Kelche bringst du deine Gefühle zum Ausdruck. Ob romantische Treffen, Flirts, bei denen du deinen Charme spielen lassen kannst, oder Aktivitäten, welche deine Gefühle künstlerisch zum Ausdruck bringen. All dies steht nun auf dem Programm. Du zeigst dich sensibel und empathisch und entdeckst deine Spiritualität. Deiner Intuition zu folgen, um Glück, Liebe und Erfüllung zu finden, ist deine Priorität. Dies ist die „Go-with-the-Flow"-Karte und somit lässt du dich treiben, wohin dein Herz dich führt.

Gefühle, Romantik, Flirt, Idealismus, Künstler, Charisma, Charme, Treffen

Umgekehrt kommen die negativen Eigenschaften des Prinzen der Kelche zum Ausdruck. Ein Mangel an Verantwortung und Realitätsnähe kann dazu führen, dass du dich nicht tiefer auf eine Sache einlässt und dich wie ein Fähnchen im Wind treiben lässt ohne konkretes Ziel. Dadurch entziehst du dich und kannst zum Herzensbrecher werden.

UMGEKEHRT

DIE KÖNIGIN DER KELCHE

BEDEUTUNG

Die Königin der Kelche kümmert sich liebevoll um ihre Mitmenschen. Sie hat eine hohe emotionale Intelligenz und versteht die Gefühle und damit Verhaltensweisen ihrer Mitmenschen. Zusätzlich ist sie hochintuitiv und empathisch. Dies macht sie zu einer engen Vertrauten. Entweder bist du eine Quelle der Liebe und des Mitgefühls für jemanden, oder eine Person bringt dir Liebe und emotionale Unterstützung. Auch kann es sein, dass du dich jetzt verstärkt um deine emotionalen Bedürfnisse kümmerst.

Emotionale Unterstützung, Empathie, Verständnis, Mitgefühl, Liebe, Sanftheit, Akzeptanz

Umgekehrt kommen die negativen Eigenschaften der Königin der Kelche zum Vorschein. Du gibst zu viel, hast Verständnis für alle, aber vernachlässigst dabei deine eigenen emotionalen Bedürfnisse und kommst zu kurz. Erkenne, dass auch dein Wohlbefinden wichtig ist, und bringe dir die gleiche Liebe entgegen, die du so bereitwillig anderen schenkst.

UMGEKEHRT

DER KÖNIG DER KELCHE

BEDEUTUNG

Der König der Kelche ist einfühlsam, liebevoll und großzügig. Seine Priorität ist es, die Welt zu einem besseren Ort zu machen, und er weiß, dass dies nur erreicht wird, wenn es allen gut geht. Darin findet er seine Erfüllung. Seine Emotionen sind im Fluss, er ist gereift und ausgeglichen, vertraut seiner Intuition und folgt seinem Herzen. Für viele Menschen ist er ein guter Ratgeber in Herzensangelegenheiten und hilft Glück, Erfüllung und Liebe zu finden. Entweder verkörperst du diese Energie für jemanden, oder eine Person bringt dir diese entgegen und möchte dich glücklich machen.

Emotionale Reife, emotionale Stabilität, Liebe, Großzügigkeit, (spiritueller) Ratgeber, Vermittler

Umgekehrt kommen die negativen Eigenschaften des Königs der Kelche zum Vorschein, und du oder eine andere Person haben ein so großes Harmoniebedürfnis, dass er oder sie sich selbst und die eigenen Bedürfnisse „des lieben Friedens willen“ zurückhalten.

UMGEKEHRT

MÜNZEN

Die Münzen symbolisieren das Element der Erde und stehen für all die Dinge, denen du dich widmest, in die du Arbeit und Zeit investierst. Oftmals finden sich darunter Langzeitprojekte, welche zu einem stabilisierenden Bestandteil deines Lebens werden und ein Verantwortungsbewusstsein deinerseits erfordern. Dazu gehören dein Beruf und deine Finanzen, dein Zuhause und deine Familie oder auch dein Körper.

Münzen sind langsam, ruhig, pragmatisch und stabilisierend.

1
ASS DER MÜNZEN

BEDEUTUNG

Das Ass der Münzen symbolisiert etwas Neues in deinem Leben. Etwas, das wenn du es pflegst, deine Zeit investierst und vor allem beständig daran arbeitest, zu einem wichtigen Bestandteil, einer wichtigen Säule deines Lebens werden kann, welche dir Stabilität und Sicherheit vermittelt. Dies kann ein neuer Job, ein neues Zuhause, das Gründen einer Familie oder der Start deiner körperlichen Gesundheit sein.

Solider Neuanfang, Potenzial auf langfristige Stabilität, Geschenk des Himmels, Saat

Umgekehrt wird das Potenzial nicht genutzt und verkümmert wie eine Saat, welche nicht gepflanzt wird. Es kann auch sein, dass die Umstände aktuell nicht günstig für einen Neuanfang sind. Vielleicht ist es einfach nicht der richtige Zeitpunkt, oder es gibt andere Faktoren, die dazu beitragen, dass in dieser Situation zu diesem Zeitpunkt keine langfristige Stabilität erreicht werden kann. Dazu kann gehören, dass jemand keine Zeit investieren kann, sich nicht genug kümmert oder unzuverlässig ist.

UMGEKEHRT

2
DIE ZWEI DER MÜNZEN

BEDEUTUNG

Die Zwei der Münzen zeigen das Managen und Jonglieren von Aufgaben, in manchen Fällen auch das Jonglieren mit den Finanzen. Du hast so viel zu erledigen, dass du etwas aus dem Gleichgewicht gerätst, und so ist es wichtig, Entscheidungen darüber zu treffen, was jetzt Priorität hat, um wieder mehr Balance in dein Leben oder die Situation zu bringen. Ebenfalls kann diese Karte ein Hin und Her in einer Situation symbolisieren. Vielleicht bist du aber auch gerade am Schwanken mit einer Entscheidung. Dazu kann auch die Entscheidung gehören, sich Hilfe zu holen und nicht zu versuchen, alles allein zu managen.

Multitasking, Managen, Prioritäten, Entscheidung, Gleichgewicht

Umgekehrt bist du überwältigt von zu vielen Aufgaben. Eine Situation ist aus dem Gleichgewicht geraten. Dies könnte schlichtweg an dem Mangel an Organisation liegen. Vielleicht ist es aber auch spätestens jetzt an der Zeit, die Entscheidung zu treffen, sich Unterstützung zu holen, um mit deinem Vorhaben voranzukommen.

UMGEKEHRT

DIE DREI DER MÜNZEN

BEDEUTUNG

„Teamwork makes the dream work" (zu deutsch: „Teamwork lässt den Traum Wirklichkeit werden"). Das ist das Motto der Drei der Münzen. Ob zu zweit oder in einer größeren Gruppe, hier bringen Menschen ihre Fähigkeiten zusammen und arbeiten gemeinsam an einer Situation. Jeder zeigt dabei Einsatz und verbessert die eigenen Fähigkeiten. Übung macht den Meister! Auch wenn du nicht mit anderen zusammenarbeitest, so bist du selbst in diesem Fall engagiert und einer Sache, Situation oder Beziehung verpflichtet.

Teamarbeit, Unternehmen, Arbeit, Einsatz, Anerkennung, Fähigkeiten verbessern

Umgekehrt kann es Schwierigkeiten geben, ein Projekt zu Ende zu bringen. Es mangelt an Einsatz oder auch Können der Beteiligten. Außerdem kann es in der Gruppe zu Konflikten kommen. Diesen kann eine mangelnden Wertschätzung zugrunde liegen.

UMGEKEHRT

4
DIE VIER DER MÜNZEN

BEDEUTUNG

Die Vier der Münzen zeigen die Basis, das Fundament einer Situation, für welche du gearbeitet hast. Die Situation hat ein stabiles Fundament, welches nun weiter ausgebaut werden kann. Es kann sein, dass du das, was du erreicht hast, nun schützen möchtest. Im Falle deiner Finanzen kann das bedeuten, jetzt etwas Geld zu sparen. Aber auch in anderen Lebensbereichen möchtest du mit dem Auftauchen dieser Karte an etwas festhalten und dich damit absichern.

Stabilität, Fundament, Sicherheit, Sparen, Festhalten, gute Basis, Schutz

Umgekehrt fällt die Karte in ein Extrem. Du klammerst zu sehr – ob am Geld oder an einer Sache oder Person –, und du wirst geizig. Deine Gedanken kreisen zu sehr um das Thema Sicherheit, und damit wirst du unflexible und starr. Auf der anderen Seite kann es sein, dass du langsam deinen Griff bezogen auf eine Person oder Sache in deinem Leben lockerst.

UMGEKEHRT

DIE FÜNF DER MÜNZEN
5

BEDEUTUNG

Die Fünf der Münzen zeigen eine Zeit des Mangels und der Entbehrung an. Dieser kann im Innen oder im Außen spürbar sein, durch einen Mangel an Selbstwert, Mangel an Wärme und Emotionen oder einen finanziellen Verlust und damit Mangel an Ressourcen. In der Essenz stellt sich hier die Frage: Wo blockierst du durch ein Mangeldenken die Fülle in deinem Leben? Die Fülle, welche du empfängst, steht in unmittelbarer Verbindung mit deinem Selbstwert, und so kann es wichtig sein, an die Wurzel des Mangels zu gehen und zu erkennen, dass du wertvoll bist und Fülle in jeder Lebenslage verdient hast!

Mangel, Verlust der Stabilität, Mangeldenken, Kälte, Entbehrung, fehlende Ressourcen

Umgekehrt überwindest du das Mangelbewusstsein oder den Mangel in deinem Leben, öffnest dich der Fülle und dem Empfangen und bist dadurch in der Lage, diese herausfordernde Zeit hinter dir zu lassen.

UMGEKEHRT

6
DIE SECHS DER MÜNZEN

BEDEUTUNG

Mit den Sechs der Münzen werden deine materiellen Bedürfnisse erfüllt. Sei es durch die Großzügigkeit einer anderen Person als Schenkung oder als vorübergehende Leihe, welche dich darin unterstützt, aus dem Mangel herauszukommen. Ebenfalls kann es sein, dass du nun in eine Situation, Sache oder Person investierst, ob materiell oder dadurch, dass du deinen Einsatz in die betreffende Situation gibst. Wichtig dabei ist jedoch, dass du darauf achtest, dass Geben und Nehmen über lange Sicht gesehen im Gleichgewicht bleiben.

Großzügigkeit, Ausgleich, Gleichwicht, Unterstützung, Wohltätigkeit, Teilen, Spende, Investment

Umgekehrt ist die Situation unausgeglichen. Einer gibt mehr als der andere, ob materiell oder was den Einsatz in der Situation betrifft. Ebenfalls kann jemand in dieser Situation verschuldet sein, oder es mangelt schlichtweg an Ressourcen.

UMGEKEHRT

DIE SIEBEN DER MÜNZEN
7

BEDEUTUNG

Mit den Sieben der Münzen ist es an der Zeit, in einer Situation Bilanz zu ziehen und zu schauen, ob sich diese in die richtige Richtung entwickelt. Lohnt es sich, weiter Energie und Arbeit zu investieren? Manche Dinge brauchen einfach etwas länger, bis sie ihr volles Potenzial entwickelt haben und gereift sind. Dementsprechend kann es sein, dass du einfach etwas geduldig sein und noch mehr Pflege in die Situation stecken musst, damit sie sich weiterentwickelt.

Geduld, Ausdauer, Reifeprozess, Wachstum, Pflege, Neubewertung, Bilanz ziehen

Umgekehrt kannst du zu dem Entschluss kommen, dass es sich nicht weiter lohnt, an der Situation weiterzuarbeiten, und du gibst auf. Vielleicht hast du lange genug gewartet, oder die Situation entwickelt sich einfach nicht so, wie du es dir erhofft hast. Das kann in der Essenz auch darauf hinweisen, dass nicht genug Pflege in die Angelegenheit gesteckt wurde.

UMGEKEHRT

DIE ACHT DER MÜNZEN
8

BEDEUTUNG

Mit den Acht der Münzen hast du dich dazu entschlossen, weiter an einer Situation zu arbeiten, um diese weiterzuentwickeln und erfolgreich zu machen. Dabei hast du dich mittlerweile aufgrund der Erfahrungen, durch die du in der Situation gegangen bist, auf dem Gebiet zu einem Experten entwickelt. Diese Karte bringt dir eine klare Botschaft: Gib jetzt nicht auf! Du wirst schon bald die Früchte deiner harten Arbeit ernten. Ebenfalls kann es sein, dass du anderen nun deine Fähigkeiten beibringst und als Lehrer anderen zur Seite stehst.

Verpflichtung, Arbeit, Professionalität, Kompetenz, Fachwissen, Geschick, Weiterentwicklung

Umgekehrt ist die Qualität der Arbeit, welche du leistest, mittelmäßig, oder es wird nicht genug Arbeit in eine Situation gesteckt, um diese zum Erfolg zu führen. Ebenfalls kann es nun mehr denn je wichtig sein, einen Experten zu Rate zu ziehen, um in der entsprechenden Situation Fortschritte zu machen.

UMGEKEHRT

DIE NEUN DER MÜNZEN

BEDEUTUNG

Herzlichen Glückwunsch! Mit den Neun der Münzen hast du das, wofür du so lange und hart gearbeitet hast, erreicht, und die Arbeit hat sich wahrlich ausgezahlt. Genieße den Erfolg und die Fülle, welche die Situation dir nun bringt. Du wirst jetzt belohnt für dein Durchhaltevermögen. Ebenfalls kann es sein, dass du dich sicher und stabil fühlst und dir eine gewisse Unabhängigkeit erarbeitet hast, finanziell oder emotional. In manchen Fällen weist diese Karte darauf hin, dass du dein Leben in vollen Zügen allein genießt, gegebenenfalls sogar als Single.

Erfolg, Wohlstand, Unabhängigkeit, Sicherheit, Ernte, Auszahlung, Lohn, Belohnung

Umgekehrt kann es sein, dass du über deine Verhältnisse lebst, zu viel ausgibst und dadurch deine gewonnene oder erarbeitete Unabhängigkeit und Stabilität riskierst. Ebenfalls kann es sein, dass du dich erneut in eine Abhängigkeit begibst oder keine Zeit hast, dich an den Früchten deiner Arbeit zu erfreuen.

UMGEKEHRT

DIE ZEHN DER MÜNZEN
10

BEDEUTUNG

Die Zehn der Münzen symbolisieren langfristigen Erfolg. Du bist in der Lage, das, wofür du gearbeitet und was du dir aufgebaut hast, über einen langen Zeitraum zu erhalten. Dazu gehören ein erfolgreiches Unternehmen, stabile Finanzen und das Erschaffen eines Zuhauses oder einer Familie. Dementsprechend kann es sich hierbei auch um Traditionen oder Werte handeln, welche sich über die Generationen bewährt haben und weitergegeben wurden. Ebenfalls kann diese Karte für dein Leben generell stehen oder eine größere Summe Geld anzeigen.

Langanhaltender Erfolg, Stabilität, Sicherheit, Familie, Vermächtnis, Traditionen, Gewinn, das gesamte Leben

Umgekehrt kann diese Karte auf Familienprobleme oder materielle Konflikte hinweisen. Es kann sein, dass du jetzt mit einer Tradition brichst oder dass der Erfolg eines langfristigen Unternehmens, ob privat oder beruflich, nicht aufrechterhalten werden kann. Ein Verlust der Sicherheit oder Stabilität ist die Folge.

UMGEKEHRT

DIE PRINZESSIN DER MÜNZEN

BEDEUTUNG

Die Prinzessin der Münzen kann ein Angebot, eine Nachricht oder einen Neuanfang symbolisieren, den du initiierst. Jetzt geht es darum, zu schauen, ob es sich lohnt, in die Angelegenheit deine Zeit oder Arbeit zu investieren. Und es geht darum, bodenständig und pragmatisch die nächsten Schritte zu planen, um eine stabile Basis zu erreichen, auf welcher dann wiederum weiter aufgebaut werden kann. Es kann ebenfalls sein, dass du im wahrsten Sinne des Wortes mit deinen Finanzen in etwas investierst, was dir langfristig gesehen Stabilität und Sicherheit geben oder ein fester Bestandteil deines Lebens werden soll.

Neuanfang, absichern, planen, Basisarbeit, investieren, neue Fähigkeiten

Umgekehrt kommen die negativen Eigenschaften der Prinzessin der Münzen zum Ausdruck. Eine übertriebene Vorsicht, die Angst davor, Fehler zu machen, und ein extremes Sicherheitsdenken können dazu führen, dass Chancen verpasst werden und ein Potential sich nicht entwickelt.

UMGEKEHRT

DER PRINZ DER MÜNZEN

BEDEUTUNG

Mit dem Prinzen der Münzen arbeitest du beharrlich und zuverlässig an den Dingen, welche dir Stabilität und Sicherheit geben und in deinem Leben von Bestand sein sollen. Schritt für Schritt bewegst du dich langsam vorwärts, denn du weißt, dass manche Dinge sich nicht von heute auf morgen entwickeln und Zeit brauchen. Dein Fleiß, Durchhaltevermögen und methodisches Vorgehen werden, früher oder später, belohnt werden. Du bist ein loyaler Freund, Partner oder Kollege, auf den man sich verlassen kann.

Arbeit, Fleiß, Verantwortungsbewusstsein, Geduld, Einsatz, Loyalität, Zuverlässigkeit, Langsamkeit

Umgekehrt kommen die negativen Eigenschaften des Prinzen der Münzen zum Vorschein. Ein zu starker Fokus auf die Arbeit kann dazu führen, dass du vergisst, das Leben zu genießen. Du verlierst den Blick für die schönen Dinge des Lebens, und das Resultat ist, dass auch deine sozialen Kontakte leiden.

UMGEKEHRT

DIE KÖNIGIN DER MÜNZEN

BEDEUTUNG

Die Königin der Münzen kümmert sich liebevoll um ihr Zuhause, ihre Finanzen, ihre Familie und sich selbst und bietet anderen Hilfe in diesen Bereichen. Dabei ist sie bodenständig, pragmatisch und ein stabilisierendes Element. Entweder bist du jetzt ein Fels in der Brandung für andere, oder eine Person unterstützt dich finanziell, in deinem Zuhause, bietet dir eine helfende Hand oder sorgt schlichtweg dafür, dass es dir gut geht. Ebenfalls kann es sein, dass du dich selbst gut um dich und die Gesundheit deiner materiellen Welt kümmerst, es dir gut gehen lässt und dabei vielleicht sogar ein klein wenig Luxus genießt.

Unterstützung, Pflege, Management, Instandhaltung, helfende Hand, Genuss

Umgekehrt kommen die negativen Eigenschaften der Königin der Münzen zum Vorschein. Du oder eine andere Person neigen in diesem Fall zu einem Überbemuttern, und was vielleicht eine gute Absicht beinhaltet, wird als kontrollierend und übergreifend empfunden.

UMGEKEHRT

DER KÖNIG DER MÜNZEN

BEDEUTUNG

Der König der Münzen weiß, wie er am besten seine Zeit, Finanzen und Arbeit investiert, um materiellen Erfolg und Wohlstand zu erreichen. Seine Priorität ist es, Dinge aufzubauen, welche in seinem Leben von Bestand sind und zu Stabilität und Sicherheit beitragen. Dabei zeigt er sich verantwortungsbewusst und zuverlässig. Durch seine Reife und Erfahrungen auf diesem Gebiet ist er ein guter Ratgeber. Entweder bist du dieser Ratgeber für andere, oder eine Person coacht dich, materiellen Wohlstand und Gesundheit zu erreichen oder aufrechtzuerhalten. Ebenfalls kann es sein, dass du jetzt in den Bereichen deines Lebens verantwortungsbewusst handelst.

Schutz, Sicherheit, Stabilität, Verantwortungsbewusstsein, Pflichtgefühl, Versorger, Tradition

Umgekehrt kommen die negativen Eigenschaften des Königs der Münzen zum Vorschein, und du oder eine andere Person sind zu sehr an die materielle Welt gebunden und vergessen darüber hinaus spirituelle oder emotionale Erfüllung.

UMGEKEHRT

ÜBER DIE AUTORIN

Julia Aurelia wurde 1985 in Norddeutschland geboren. Nachdem sie 11 Jahre erfolgreich als Make-up Artist für Foto- und Videoproduktionen in Hamburg arbeitete, stellte die Diagnose Brustkrebs 2011 den signifikanten Wendepunkt dar, welcher sie auf einen neuen Weg ausrichtete. Aus einem Bedürfnis, anderen Menschen zu helfen, gründete sie Weil du schön bist und half zunächst mit ihren Echthaarbändern und dem Teilen ihrer persönlichen Erfahrung tausenden Frauen, welche ein ähnliches Schicksal teilten.

2012 machte sie eine Ausbildung in Aura Arbeit, gefolgt von einer Ausbildung in 2014 zum spirituellen Lebensberater. 2017 zog sie nach England um sich in Glastonbury intensiv ihrer spirituellen Weiterentwicklung zu widmen. 2020 fing sie an, ihre Leidenschaft für das Tarot auf YouTube zu teilen und entwickelte sich in kürzester Zeit zu einer der führenden Persönlichkeiten auf ihrem Gebiet im deutschsprachigen Raum.

Heute lebt sie in Cornwall und gibt, neben ihren wöchentlichen Tarotlegunen auf YouTube, Kurse und Seminare zum Karten-legen und spiritueller Weiterentwicklung. In

Zusammenarbeit mit dem EMF-Verlag entstanden bisher folgende Produkte: Das Seelenreise Tarot, das Seelenreise Lenormand, das Seelenreise Tarot Journal und das Magic Soul Tarot.

YouTube Kanal: @JuliaAurelia

www.juliaaurelia.com

www.weilduschoenbist.de

DANKSAGUNG

Danke an das Team des EMF-Verlags für die Möglichkeit Träume wahr werden zu lassen.

Danke an das Seelenkollektiv für die liebevolle Community, welche wir gemeinsam bilden und mit der wir uns gegenseitig auf unseren Seelenreisen unterstützen.

Danke an den inneren Herzenskreis aus Familie und Freunden für eure Liebe und Unterstützung.

Mutti, ich hab dich lieb!

Bibliografische Information der Deutschen Bibliothek.

Die Deutsche Bibliothek verzeichnet diese Publikation in der Deutschen Nationalbibliografie.

Detaillierte bibliografische Daten sind im Internet über http://www.dnb.de/ abrufbar.

Bei Fragen zur Produktsicherheit wenden Sie sich an

Edition Michael Fischer GmbH
Kistlerhofstr. 70
81379 München
kontakt@emf-verlag.de

EIN BUCH DER EDITION MICHAEL FISCHER

3. Auflage 2025

Cover, Layout & Satz: Bhavya

Produktmanagement und Lektorat: Franziska Klorer

Bildnachweis Schmuckelemente: © Everett Collection/shutterstock, © Chikovnaya/shutterstock, © Soloma/shutterstock

ISBN 978-3-7459-1945-5

Gedruckt bei Leo Paper Products Ltd., Level 9, Telford House,16 Wang Hoi Road,Kowloon Bay, Kowloon, Hong Kong, China

www.emf-verlag.de